Claude Terreaux

VOUS REPRENDREZ BIEN UN PEU DE LATIN

arléa
16, rue de l'Odéon, 75006 Paris
www.arlea.fr

Septembre 2002
ISSN 1270-9204
ISBN 2-86959-590-5

Parentibus meis

Deux mots

– Mais enfin, Monsieur, pouvez-vous un peu bien nous dire au juste à quoi sert le latin ?
– La question...
– Car enfin, Monsieur... Monsieur ?
– Goudelapin...
– *O*h, *o*h...
– Non, *o-u* comme dans s*ou*pe.
– Je euh, je...
– Je vous en prie.
– Eh bien donc, Monsieur Goudelapin, je reprends ma question, pouvez-vous un peu nous dire au juste à quoi sert le latin ?
– La question...
– Car enfin, Monsieur Goudelapin, vous êtes un peu de la maison, n'est-ce pas, je veux dire que, le latin, n'est-ce pas, vous en soupez tous les jours, ah, ah, ah !
– Il m'arrive, en effet, entre deux repas...
– Eh bien donc, je reposerai ainsi ma question, car on entend dire beaucoup de choses, en somme...
– Et dans l'Allier aussi.

– Je euh, je...

– Un cachou ?

– Merci, Monsieur Goudelapin, merci, je... mais pour en revenir à ma... à notre question, le latin, dites-nous un peu... passe encore pour le lycée de l'an 2000, mais croyez-vous sérieusement, Monsieur Goudelapin, vous qui, finalement, vous êtes au fond... penché sur la question, eh bien, donc, pensez-vous sérieusement qu'en l'an 3000 ?

– J'essaierai...

– Car enfin, nous y sommes en l'an 3000, c'est, vous allez rire, Monsieur Goudelapin, l'an 3000, c'est après-demain, ah, ah, ah ! tout va si vite, de nos jours !

– C'est amusant, fig...

– Eh bien, Monsieur Goudelapin, le latin, l'an 3000, pour vous, dit comme ça, ça vous dit quoi ?

– Je...

– Peut-on, pour dire les choses un peu autrement, continuer jusqu'à la fin des temps à en pincer pour le lapin, je veux dire, à dépenser pour le latin ?

– La question...

– N'y a-t-il, pas, et nous nous en tiendrons là, Monsieur Goudelapin, n'y a-t-il pas, à l'aube, répétons-le, du IVe millénaire, des questions, j'allais dire, qui nous prennent plus immédiatement à la gorge ?

– Sans doute...

– En un mot, Monsieur Goudelapin, pour résumer tout ce que nous avons dit jusqu'à présent, et, bien sûr, nous y reviendrons, car nous n'avons pas pu, loin de là, tout dire, mais nous en avons déjà dit beaucoup, eh bien donc, en un mot, Monsieur Goudelapin, le latin, à quoi ça sert ?

DEUX MOTS

– Je vous remercie de me donner la parole. Et, pour vous répondre aussi précisément que possible, disons-le tout net...

À rien !

Chapitre I

L'âge d'or

Dans son long poème – plus de dix mille vers – intitulé les *Métamorphoses*, Ovide (43 av. J.-C.-17 ap. J.-C.) entend évoquer toutes les métamorphoses qui se sont produites depuis le commencement du monde. Aussi n'est-il pas étonnant que le premier livre s'ouvre sur une cosmogonie, c'est-à-dire sur un récit des origines de l'univers, celui-ci étant le résultat d'une transformation du chaos en un tout ordonné, un *cosmos*, comme disaient les Grecs. Une fois l'univers formé, l'être humain apparaît. Alors, vont se succéder quatre âges, de moins en moins agréables, de plus en plus chaotiques.

Au début, pourtant, tout allait pour le mieux dans le meilleur des mondes. C'était l'âge d'or. Mais, peu à peu, les choses se sont détériorées et chacun des trois âges qui ont suivi – l'âge d'argent, l'âge de bronze et l'âge de fer – a marqué une nouvelle dégradation.

Cette idée d'un âge d'or primordial suivi d'une progressive décadence connut une grande fortune dans l'Antiquité. Nous en trouvons la première expression littéraire chez le poète grec Hésiode (VIIe siècle av. J.-C.), auteur d'une *Théogonie* qui, tout comme le poème d'Ovide, commence par une cosmogonie. Le début du premier livre des *Métamorphoses* s'inspire d'ailleurs d'assez près du poème d'Hésiode.

Aurea prima sata est aetas, quae vindice nullo,
Sponte sua, sine lege fidem rectumque colebat.
Poena metusque aberant nec verba minantia fixo
Aere legebantur, nec supplex turba timebat
Judicis ora sui, sed erant sine vindice tuti.
Nondum caesa suis, peregrinum ut viseret orbem,
Montibus in liquidas pinus descenderat undas
Nullaque mortales praeter sua litora norant.
Nondum praecipites cingebant oppida fossae
Non tuba directi, non aeris cornua flexi,
Non galeae, non ensis erat ; sine militis usu
Mollia securae peragebant otia gentes.
Ipsa quoque immunis rastroque intacta nec ullis
Saucia vomeribus per se dabat omnia tellus ;
. . . .
Ver erat aeternum placidique tepentibus auris
Mulcebant zephyri natos sine semine flores.
Mox etiam fruges tellus inarata ferebat
Nec renovatus ager gravidis canebat aristis.

Aurea aetas, *l'âge d'or* ; sata est, *fut semé* ; prima, *le premier* ; quae, *qui* ; vindice nullo, *en l'absence de justicier* ; sponte sua, *de son propre mouvement* ; sine lege, *sans loi* ; colebat, *cultivait* ; fidem rectumque, *la loyauté et la rectitude.*

Poena metusque, *châtiment et crainte* ; aberant, *étaient absents* ; nec verba minantia legebantur, *et des paroles menaçantes n'étaient pas lues* ; aere fixo, *sur le bronze fixé* ; nec turba supplex timebat, *et la foule suppliante ne craignait pas* ; ora judicis sui, *les visages de son juge* ; sed erant tuti, *mais (ils étaient =) on était en sécurité* ; sine vindice, *sans justicier.*

Nondum, *jamais encore* ; pinus, *le pin* ; caesa montibus suis, *coupé dans ses montagnes* ; ut viseret orbem peregrinum, *pour aller voir une terre étrangère* ; descenderat in liquidas undas, *n'était descendu dans les flots limpides* ; -que, *et* ; mortales, *les mortels* ; norant nulla litora, *ne connaissaient aucun rivage* ; praeter sua, *excepté le leur.*

Fossae praecipites, *des fossés escarpés* ; nondum cingebant oppida, *n'entouraient pas encore les places fortes* ; non erat tuba, *il n'y avait pas de trompette* ; (aeris) directi, *en bronze droit* ; non cornua, *pas de cors* ; aeris flexi, *en bronze recourbé* ; non galeae, *pas de casques* ; non ensis, *pas d'épée* ; sine militis usu, *sans recours au soldat* ; gentes securae, *les nations en sécurité* ; peragebant molla otia, *se livraient à de doux loisirs.*

Tellus ipsa quoque, *la terre elle-même aussi* ; immunis, *libre de contraintes* ; rastroque intacta, *et non touchée par la bêche* ; nec ullis vomeribus saucia, *et non endommagée par aucune charrue* ; per se, *d'elle-même* ; dabat omnia, *donnait toutes choses.*

Ver erat aeternum, *le printemps était éternel* ; placidique zephyri, *et de doux zéphyrs* ; mulcebant tepentibus auris, *caressaient de leurs tièdes brises* ; flores natos sine semine, *les fleurs nées sans semence.*

Mox etiam, *bientôt aussi* ; tellus inarata, *la terre non labourée* ; ferebat fruges, *portait des fruits* ; nec renovatus ager, *et le champ non remis en état* ; canebat, *blanchissait* ; gravidis aristis, *par de lourds épis.*

C'est l'âge d'or qui fut enfanté le premier : ignorant lois et justiciers, il honorait de lui-même la loyauté et la droiture. Il n'y avait ni châtiment ni crainte, on ne lisait pas de propos menaçants sur des panneaux de bronze, la foule suppliante ne craignait pas les visages de son juge ; on vivait en sécurité malgré l'absence de tout justicier. Jamais encore, le pin n'avait été coupé dans les montagnes et n'était descendu dans les flots limpides, et les mortels ne connaissaient d'autres rivages que les leurs. Il n'y avait pas encore de fossés escarpés tout autour des places fortes ; trompettes droites, cors en airain recourbé, casques, épées n'existaient pas. Sans qu'on eût recours à des soldats, les nations vivaient en sécurité, se livrant à de doux loisirs. La terre, elle aussi libre de toute contrainte, épargnée par la bêche et ignorant les blessures de la charrue, d'elle-même donnait tout.

Le printemps était éternel et de calmes zéphyrs caressaient de leurs tièdes brises les fleurs nées sans semence. Peu après, la terre non labourée portait aussi des fruits et le champ que nul n'avait retourné blondissait sous de lourds épis.

Pour lire le texte ci-dessus, il faut savoir qu'en latin toutes les lettres se prononcent et qu'elles se prononcent comme en français, à l'exception des lettres suivantes :

Le c se prononce toujours *k* : au vers 15, placidique se prononce *plakidicoué.*

Le e se prononce *é* en syllabe ouverte, *è* en syllabe fermée : au deuxième vers, sine se prononce *siné* ; fidem se prononce *fidèm.*

Le g est toujours dur, comme dans le français gare – y compris devant un n – : au deuxième vers, lege se prononce *légué.*

Le h est faiblement aspiré.

Le i latin est tantôt voyelle, tantôt consonne. Pour faciliter la lecture, il peut paraître préférable de le noter j lorsqu'il est consonne. Au vers 5, par exemple, on a écrit judicis mais les manuscrits portent iudicis : on prononce donc *ioudikis.*

M et n ne sont jamais nasalisés. Au vers 2, sponte se prononce *spo-nté.*

Qu se prononce comme le qu de square. Au vers 1, quae se prononce *kouaé.*

Le r était probablement légèrement roulé.

Le s se prononce toujours ç, y compris entre deux voyelles. Au vers 6, viseret se prononce *vicérèt.*

Le u est tantôt voyelle, tantôt consonne. Voyelle, il se prononce *ou* : au vers 1, nullo se prononce *noullo.* Consonne, il se prononce comme le w anglais ou le *ou* de ouah ! ouah ! Pour faciliter la lecture, on choisit parfois (comme ici) de noter v le u consonne. Au vers 1, vindice se prononce *ouindiké.*

X se prononce *ks*, comme dans ksss, ksss. Au vers 17, mox, se prononce *moks.*

Le y se prononce u. Nous le trouvons au vers 16 dans zephyri, qui nous amène à parler du z, lequel fait une entrée discrète dans l'alphabet latin au temps de l'empereur Auguste et se prononçait probablement *dz.* Ainsi donc, zephyri se prononce *dzéfuri.*

Le latin connaît aussi des diphtongues. Ae, oe, au, initialement prononcés en distinguant les deux voyelles, deviennent peu à peu diphtongues. La même chose se produisit, mais plus tard, pour ei, eu, ui : au temps de Cicéron (106-43 av. J.-C.), l'âge d'or de la langue classique, on les prononce le plus souvent comme deux voyelles distinctes.

Le latin marque nettement une différence entre voyelles longues et voyelles brèves, celles-ci devant théoriquement être prononcées deux fois plus vite que celles-là.

Chacune des voyelles peut être soit longue, soit brève : ainsi, le u de *curare* (soigner) est long, celui de *cubare* (couver) est bref. Le a de *malum* (le mal) est bref, celui de *malum* (la pomme) est long... Ces différences résultent de divers phénomènes phonétiques que nous n'aborderons pas ici. Aujourd'hui, grammaires et dictionnaires nous renseignent sur la quantité des voyelles de chacune des syllabes d'un mot.

La plupart des mots latins comportaient une syllabe accentuée par la prononciation. Cet accent a progressivement changé de nature. Il s'agissait vraisemblablement au départ d'un accent de hauteur et non d'intensité : la voyelle accentuée était prononcée sur une note plus aiguë. Ce n'est que progressivement que l'accent est devenu un accent d'intensité. Évolution d'autant moins négligeable qu'au fil du temps la syllabe prononcée avec plus de force a eu tendance à se maintenir au détriment de la syllabe qui suivait. C'est ainsi par exemple que *ánimum* a donné âme, *pópulum* peuple et *spectáculum* spectacle.

Dans un mot de plus de deux syllabes, la place de l'accent dépend de la nature brève ou longue de l'avant-dernière (ou pénultième) syllabe. Lorsque celle-ci est longue, elle porte l'accent. Quand la pénultième est brève, l'accent porte sur la voyelle précédente, l'antépénultième.

Monosyllabes et mots de deux syllabes ne sont pas tous accentués. Quand ils le sont, les mots de deux syllabes portent un accent sur la première syllabe.

Tout cela s'applique à la prose. Il en va autrement pour les vers. En effet, comme les vers grecs, les vers latins se caractérisent par la succession, dans un ordre fixé par des règles, de syllabes longues et de syllabes brèves. D'après le grammairien Quintilien (qui vécut dans la deuxième moitié du Ier siècle après J.-C.) lorsqu'on dit des vers, il faut s'attacher en priorité à faire entendre cette succession, fût-ce au détriment de l'accent naturel des mots. Qui donc veut avoir une idée de la façon dont on disait les vers latins doit connaître les règles de la prosodie, laquelle enseigne quelles sont les syllabes longues, les syllabes brèves et les syllabes dites communes, c'est-à-dire tantôt longues tantôt brèves, selon les besoins du poète. Nous traiterons de ces questions au chapitre IX.

Pour l'heure, revenons à notre extrait et observons certains phénomènes.

Il ne suffit pas de connaître le sens d'un mot latin et encore moins de considérer sa place pour identifier son rôle, sa fonction dans la phrase. La fonction grammaticale – le rôle d'un mot dans une phrase – est révélée par la forme même du mot : telle terminaison indique que le mot est sujet, telle autre qu'il est complément d'objet. Ainsi donc, alors qu'en français c'est à la fois l'ordre et le sens des mots, parfois aussi la ponctuation (ou, à l'oral, l'intonation) qui font comprendre le sens d'une phrase, en latin ce rôle revient à la forme des mots, disons, en gros, à leur terminaison. Quand je dis en français Romulus tue Rémus, chacun comprend que Romulus est le meurtrier et Rémus la victime. Alors qu'en latin, pour faire comprendre que Romulus tue Rémus, je peux dire tout aussi bien *Romulus interficit* (= tue) *Remum* ou *Remum interficit Romulus* ou *Romulus Remum interficit* ou *Remum Romulus interficit* ou *Interficit Romulus Remum* ou *Interficit Remum Romulus.* Dans chacune des six formulations, c'est la terminaison *s* ou *m* qui me permet de comprendre que c'est Romulus qui tue (fonction grammaticale sujet) et Rémus celui sur qui porte l'action de tuer (fonction grammaticale complément d'objet). Pour refaire l'histoire, il me suffit d'intervertir le *s* et le *m* ! *Romulum interficit Remus* signifie Rémus tue Romulus. Et j'obtiens le même sens en disant *Remus interficit Romulum, Interficit Romulum Remus,* etc.

Résumons-nous. Quand, dans une phrase latine, je lis *Romulus,* je comprends que le mot est sujet et cela quelle que soit sa place. Quand je lis *Romulum,* je comprends que le mot est complément d'objet. De même, dans l'extrait des *Métamorphoses,* le *m* de *fidem,* au vers 2, me fait comprendre que le mot est complément d'objet. C'est là un phénomène qui n'est pas propre au latin : on le retrouve en sanscrit, en allemand, en russe, en grec (ancien et moderne), etc. Dans chacune de ces langues, à chaque fonction correspond une forme particulière du mot, on dit que le mot se *décline.*

Chaque forme porte un nom : la forme correspondant à la fonction sujet est appelée *nominatif.* La forme correspondant à la fonction complément d'objet est appelée *accusatif,* etc. Chacune de ces formes représente ce qu'on appelle un *cas.* Dans la phrase *Romulus Remum interficit,* on rencontre deux cas : un nominatif (*Romulus*) et un accusatif (*Remum*).

Il existe quatre autres cas :

– le *vocatif*, qui correspond à la fonction apostrophe ;

– le *génitif*, cas du complément de nom, de certains compléments d'adjectifs et de certains compléments d'objet indirects ;

– le *datif*, cas du complément d'objet second (ou d'attribution) et de certains compléments d'objet indirects ;

– l'*instrumental* ou *ablatif*, cas de divers compléments circonstanciels et compléments d'objet indirects.

Il faut évidemment avoir une idée des fonctions grammaticales correspondant à chacun des cas, faute de quoi la phrase latine risque de demeurer une énigme impénétrable. Le même cas pouvant exprimer des fonctions différentes, il faut s'attacher à voir quelle est la fonction qui donne le sens le plus satisfaisant.

L'ensemble des cas forme la *flexion*, ou *déclinaison* du mot. Cependant, tous les mots ne se déclinent pas de la même manière : pour faciliter l'apprentissage, les grammairiens latins, dont on suit encore l'usage, avaient distingué cinq types de déclinaison, le critère choisi étant le rapport entre le nominatif et le génitif singulier. Voilà pourquoi lexiques et dictionnaires indiquent d'emblée chacune de ces deux formes, qu'il convient de retenir lorsqu'on apprend du vocabulaire : la rose = *rosa* (nominatif), *rosae* (génitif). Tant qu'on y est, on apprend aussi le genre, et l'on dit : la rose, *rosa, rosae*, féminin. Nous verrons qu'il existe quelques variations à l'intérieur de chaque modèle.

Le premier modèle, appelé 1ère déclinaison, a été mis en musique par Jacques Brel dans le refrain de la chanson intitulée *Rosa*. Le titre fait savant, mais ne nous y trompons pas : il désigne la jolie cousine qui, dans l'ordre des priorités du garnement Brel, devançait quelque peu la *rosa declinanda*, la rose à décliner. Voilà qui dut lui valoir de justifiées réprimandes. D'autant plus que notre homme prononce à l'ancienne roza, roza, rozam. En voilà des manières !

	Singulier	Pluriel
Nominatif	Ros**a**	Ros**ae**
Vocatif	Ros**a**	Ros**ae**
Accusatif	Ros**am**	Ros**as**
Génitif	Ros**ae**	Ros**arum**
Datif	Ros**ae**	Ros**is**
Ablatif	Ros**a**	Ros**is**

Rosa est alba, la rose est blanche ; *odor rosae*, le parfum de la rose ; *vita brevis est*, la vie est brève ; *curriculum vitae*, la carrière, le déroulement de la vie.

Rosa, la rose, est du genre féminin. La plupart des mots qui se déclinent sur le modèle de *rosa* sont également du genre féminin. Seuls sont masculins les noms désignant un métier exercé par un homme (*agricola*, le paysan, *nauta*, le marin, etc.) et les noms de cours d'eau (*Sequana*, la Seine), ceux-ci étant animés, selon les Romains, par des puissances divines masculines que l'on représente sous la forme de vieillards barbus.

La 2e déclinaison suit le modèle suivant :

	Singulier	Pluriel
Nominatif	Domin**us**	Domin**i**
Vocatif	Domin**e**	Domin**i**
Accusatif	Domin**um**	Domin**os**
Génitif	Domin**i**	Domin**orum**
Datif	Domin**o**	Domin**is**
Ablatif	Domin**o**	Domin**is**

Ainsi, on dit : *Asinus asinum fricat* ; asinus (nominatif = sujet) *l'âne* ; fricat (3e personne du singulier du présent de l'indicatif du verbe *fricare*, frotter) *frotte* ; asinum (accusatif = complément d'objet) *l'âne*.

On dit cela, *l'âne frotte l'âne*, pour se moquer de deux ignorants qui se complimentent tour à tour...

La plupart des mots de la 2e déclinaison sont masculins. Font exception les noms d'arbres, ceux-ci abritant de tendres nymphes sous leur dure écorce : *populus*, le peuplier, *fagus*, le fayard ou hêtre, *laurus*, le laurier, *ficus*, le figuier, sont du féminin.

Le hêtre, *fagus*, apparaît dans le premier vers de la première Bucolique de Virgile (70-19 av. J.-C.). Le berger Mélibée s'adresse ainsi à son ami Tityre, berger comme lui :

Tityre, tu patulae recubans sub tegmine fagi...

Tityre tu, *Ô toi Tityre* ; recubans, *couché* ; sub tegmine, *sous le couvert* ; patulae fagi, *d'un large hêtre.*

Si l'adjectif *patulae* se termine en *ae* et non en *i* comme *fagi*, c'est bien parce que *fagus* est du féminin.

Certains noms de la 2e déclinaison (comme aussi, nous le verrons, de la troisième et de la quatrième) ne sont ni masculins, ni féminins : ils sont neutres (*neuter* = ni l'un ni l'autre).

Les noms neutres se terminent en **um** au nominatif, au vocatif et à l'accusatif singulier, et en **a**a u pluriel des mêmes cas : à ces différences près, ils se déclinent comme *dominus.* Ainsi, *templum* se décline de la façon suivante :

Singulier	Pluriel
Templ**um**	Templ**a**
Templ**um**	Templ**a**
Templ**um**	Templ**a**
Templ**i**	Templ**orum**
Templ**o**	Templ**is**
Templ**o**	Templ**is**

Trois noms neutres de la 2e déclinaison se terminent en **us** au nominatif, vocatif et accusatif singulier (ils n'ont pas de pluriel). Ce sont *vulgus*, la foule, *virus*, le poison, et *pelagus*, la haute mer.

On connaît le mot d'Horace (65-8 av. J.-C.) :

Odi profanum vulgus et arceo.

Odi, *je hais* ; vulgus profanum, *la foule non-initiée* ; et arceo, *et je (l') écarte.*

Il s'agit du début de la première pièce du livre III des

Odes, un poème dans lequel Horace célèbre la modération dans les désirs. Commencer ainsi est une façon habile d'inviter le lecteur à poursuivre plus avant s'il ne veut pas continuer à grossir le nombre des ignorants, contempteurs de la sagesse et de la modération.

Le tableau de la 2e déclinaison serait incomplet si nous ne parlions pas des noms en **er**, du type *puer*, l'enfant, et *ager*, le champ. Sauf au nominatif et au vocatif, ces noms se déclinent comme *dominus*, mais les uns gardent le **e** précédant le **r** tout au long de la déclinaison, les autres le perdent dès l'accusatif :

Singulier	Pluriel
Puer	Pueri
Puer	Pueri
Puer**um**	Puer**os**
Puer**i**	Puer**orum**
Puer**o**	Puer**is**
Puer**o**	Puer**is**

Singulier	Pluriel
Ager	Agr**i**
Ager	Agr**i**
Agr**um**	Agr**os**
Agr**i**	Agr**orum**
Agr**o**	Agr**is**
Agr**o**	Agr**is**

Sur le modèle de *puer*, on décline également *vir*,

l'homme, le mâle, le mari. Au début de l'*Énéide*, Virgile annonce qu'il va chanter l'homme qui, chassé de Troie, abordera aux côtes d'Italie pour établir dans le Latium les lointaines fondations de Rome :

Arma virumque cano, Troiae qui primus ab oris
Italiam fato profugus Laviniaque venit
Litora.

Cano, *je chante* ; arma virumque, *les armes et l'homme* ; qui primus, *qui le premier* ; profugus fato, *chassé par le destin* ; ab oris Troiae, *des bords de Troie* ; venit, *vint* ; Italiam Laviniaque litora, *en Italie et aux rivages de Lavinium* (nom de la ville que va fonder Énée).

Début dont se souvient le Tasse (1544-1595), qui commence ainsi la *Jérusalem délivrée* :

Canto l'arme pietose e'l capitano
che'l gran sepolcro liberò di Christo.
Je chante les armes pieuses et le capitaine
qui libéra le grand tombeau du Christ.

Le capitaine en question est Godefroy de Bouillon, qui, par sa piété, n'est pas sans rappeler le *pius Æneas*, le pieux Énée, de Virgile.

Il existe deux types ou, comme on dit, deux classes d'adjectifs qualificatifs.

Aurea, l'adjectif qui ouvre notre passage, est un adjectif dit de la 1ère classe. Il se décline au féminin sur le modèle de *rosa*, au masculin sur le modèle de *dominus* et au neutre sur le modèle de *templum* : telles sont les caractéristiques des adjectifs de la 1ère classe. Ainsi, *bonus, bona, bonum*, bon ; *malus, a, um*, mauvais, méchant, etc. Au nominatif singulier, nous aurons donc : *aurea aetas* (*aetas* est du féminin), âge d'or ; *aureus ramus*, rameau d'or ; *aureum templum*, temple d'or.

Liquidas, au vers 7 de l'extrait des *Métamorphoses*, est l'accusatif féminin pluriel de *liquidus, a, um* et se rapporte à *undas.*

Cependant, certains adjectifs de la 1ère classe se terminent en **-er** au nominatif masculin singulier et suivent par conséquent, au masculin, la déclinaison de *puer* ou de *ager. Miser, misera, miserum*, malheureux ; *piger, pigra, pigrum*, paresseux ; *niger, nigra, nigrum*, noir.

Nigra sum sed formosa, filiae Jerusalem, je suis noire mais belle, filles de Jérusalem. On aura reconnu une phrase célèbre du *Cantique des cantiques*, dans sa version latine, début d'un motet (à une voix) inclus dans les *Vêpres de la Vierge* de Monteverdi (1567-1643).

Les adjectifs dits de la 2e classe suivent, quant à eux, la 3e déclinaison (voir chapitre suivant).

Les *Métamorphoses* d'Ovide n'ont pas seulement inspiré les peintres. Deux musiciens au moins, Carl Ditters von Dittersdorf (1739-1799) et Benjamin Britten (1913-1976) ont tenté de traduire musicalement quelques épisodes.

Le premier a écrit six symphonies inspirées des *Métamorphoses.* Les quatre mouvements de la première évoquent les quatre âges successifs. La troisième, qui a pour thème la métamorphose d'Actéon en cerf, comporte un adagio construit autour d'un magnifique air de flûte solo.

Quant à Britten, il a composé ses *Six Metamorphoses after Ovid* pour hautbois solo.

Chapitre II

Depuis la fondation de Rome

Facturusne operae pretium sim si a primordio Urbis res populi Romani perscripserim nec satis scio nec, si sciam, dicere ausim, quippe qui cum veterem tum vulgatam esse rem videam, dum novi semper scriptores aut in rebus certius aliquid allaturos se aut scribendi arte rudem vetustatem superaturos credunt. Utcumque erit, juvabit tamen rerum gestarum memoriae principis terrarum populi pro virili parte et ipsum consuluisse.

-ne, *est-ce que* ; facturus sim, *je ferai* ; pretium operae, *le prix de ma peine* ; si perscripserim, *si j'écris par le menu* ; res populi Romani, *les choses du (= accomplies par le) peuple romain* ; a primordio Urbis, *depuis le début de la Ville* ; nec satis scio, *ni je ne (le) sais assez* ; nec, si sciam, dicere ausim, *ni, si je le savais, je n'oserais le dire* ; quippe qui videam, *moi qui vois bien* ; rem esse, *le sujet être* ; cum veterem, *à la fois vieux* ; tum vulgatam, *et rebattu* ; dum semper novi scriptores, *alors même que sans cesse de nouveaux auteurs* ; credunt se, *croient eux-mêmes* ; aut allaturos, *soit être en mesure d'apporter* ; aliquid certius in rebus, *quelque chose de plus sûr dans les faits* ; aut superaturos, *soit en mesure de surpasser* ; arte scribendi, *par leur art d'écrire* ; vetustatem rudem, *la vieillerie mal dégrossie.*

Utcumque erit, *quoi qu'il en soit* ; juvabit tamen, *il (me) plaira pourtant* ; consuluisse et ipsum, *d'avoir pourvu moi-même aussi* ; pro virili parte, *pour ma part individuelle* ; memoriae rerum gestarum, *au souvenir des* (*choses accomplies* =) *des faits et gestes* ; principis populi terrarum, *du premier peuple de la terre.*

Vaut-il la peine que je raconte par le menu, en commençant par les origines de la Ville, l'ensemble de l'histoire romaine ? Je n'en sais rien ; je n'oserais en tout cas le prétendre, tant mon sujet me semble vieux et usé en un temps où, sans cesse, de nouveaux historiens se flattent soit d'apporter des données plus sûres, soit de surpasser par leur talent le style grossier des anciens.

Quoi qu'il en soit, ce me sera un plaisir d'avoir, moi aussi, contribué de mon mieux au souvenir des hauts faits du premier peuple du monde.

C'est par ces réserves que Tite-Live (59 av. J.-C.-17 ap. J.-C.) commence la *Praefatio* qu'il donne à ses cent quarante-deux *Ab Urbe condita Libri* (*Livres partant de la fondation de la Ville*) qui contenaient l'histoire de Rome des origines aux débuts de l'Empire ; qui contenaient, disons-nous, car plus des trois quarts de cette œuvre ont été perdus.

Les historiens qui ont succédé à Tite-Live depuis vingt siècles auraient tous pu en dire autant... Et pourtant, tous y sont allés de leur plume et ont inlassablement raconté et commenté la légende des origines de Rome. Tite-Live lui-même donne sa version. Pour ce faire, au début du Livre I, il reprend les choses en 431 *ante Urbem conditam*, « avant la fondation de la Ville », c'est-à-dire en 753 (date de la fondation) + 431 = 1184 av. J.-C. C'est en effet à cette date, selon le savant polygraphe Ératosthène de Cyrène (285/280-194 av. J.-C.) que la ville de Troie fut prise.

Tite-Live rapporte comment Énée, fils de Vénus et d'Anchise (un simple mortel), échappa au massacre qui suivit la prise de Troie par les Grecs, comment il débarqua sur la côte occidentale de l'Italie, au royaume du roi Latinus, qui lui donna sa fille Lavinia en mariage. Succédant à Latinus, Énée rassemble sous son sceptre Troyens et Aborigènes et nomme Latins l'ensemble des deux peuples. Peu après la mort d'Énée, son fils Ascagne, (né, selon les uns, du mariage avec Lavinia, selon les autres, d'un mariage antérieur avec la Troyenne Créüse), Ascagne, donc, (mais Énée l'appelle aussi parfois Iule) fonde Albe-la-Longue au pied des monts Albains, non loin de l'emplacement de la future Rome.

À Ascagne succède Silvius. Puis viennent Latinus, Alba, Atys, Capys, Capétus, Tibérinus...

Tiberinus qui in trajectu Albulae amnis submersus celebre ad posteros nomen flumini dedit.[...] Proca Numitorem atque Amulium procreat ; Numitori, qui stirpis maximus erat, regnum [...] legat. Plus tamen vis potuit quam voluntas patris aut verecundia aetatis : pulso fratre Amulius regnat. Addit sceleri scelus : stirpem fratris virilem interemit ; fratris filiae Rheae Silviae, per speciem honoris cum Vestalem eam legisset, perpetua virginitate spem partus adimit. [...]

Vi compressa Vestalis cum geminum partum edidissetseu ita rata seu quia deus auctor culpae honestior erat, Martem incertae stirpis patrem nuncupat.

Tiberinus qui, *Tibérinus qui* ; submersus in trajectu Albulae amnis, *s'étant noyé dans la traversée du fleuve Albula* ; dedit flumini, *donna au fleuve* ; nomen celebre ad posteros, *un nom célèbre auprès des (générations) postérieures.*

Proca procreat Numitorem et Amulium, *Proca engendre Numitor et Amulius* ; legat regnum, *il lègue le pouvoir royal* ; Numitori, *à Numitor* ; qui maximus erat, *qui était le plus grand* ; stirpis, *de la souche.*

Tamen, *cependant* ; vis potuit plus, *la force put davantage* ; quam voluntas patris, *que la volonté du père* ; aut verecundia aetatis, *ou que le respect de l'âge* ; pulso fratre, *son frère ayant été chassé* ; Amulius regnat, *Amulius devient roi.*

Addit scelus sceleri, *il ajoute le crime au crime* ; interemit, *il tua* ; stirpem virilem fratris, *la descendance mâle de son frère* ; Rheae Silviae, *à Rhéa Silvia* ; filiae fratris, *la fille de son frère* ; cum, *comme* ; per speciem honoris, *sous prétexte d'honneur* ; legisset eam Vestalem, *il l'avait choisie comme Vestale* ; adimit spem partus, *il ôta l'espoir de l'enfantement* ; perpetua virginitate, *par une perpétuelle virginité.*

Compressa, *ayant été prise* ; vi, *de force* ; cum Vestalis edidisset, *comme la Vestale avait mis au monde* ; geminum partum, *un double enfantement* ; seu rata ita, *soit pensant ainsi* ; seu quia, *soit parce que* ; deus, *un dieu* ; erat auctor honestior culpae, *était un responsable plus honorable de la faute* ; nuncupat Martem, *elle désigne Mars* ; patrem incertae stirpis, *père de la douteuse progéniture.*

Tibérinus se noya en traversant l'Albula et donna au fleuve son nom ainsi passé à la postérité.

Proca (arrière-petit-fils de Tibérinus) *engendre Numitor et Amulius ; à Numitor, l'aîné, il lègue le pouvoir royal. Mais la force prévalut sur la volonté paternelle et le respect dû à l'âge : après avoir chassé son frère, Amulius devient roi. Il multiplie les crimes : il supprima la descendance mâle de son frère ; quant à sa nièce, Rhéa Silvia, l'ayant choisie comme Vestale sous prétexte de l'honorer, il lui ôta tout espoir d'être mère en la vouant à la virginité. Victime d'un viol, la Vestale mit au monde deux jumeaux, et – le crut-elle ou voulut-elle rendre sa faute moins honteuse en l'attribuant à un dieu ? – elle désigne Mars comme le père de sa douteuse progéniture.*

On connaît la suite. Amulius ordonne que les deux jumeaux soient abandonnés au Tibre. Le berceau qui les porte ne tarde pas à s'immobiliser. Une louve aperçoit les bambins et leur offre ses mamelles. Là-dessus paraît un berger nommé Faustulus qui emporte les jumeaux dans son étable et les fait nourrir par sa femme Larentia. Certains, dit Tite-Live, pensent que Larentia se livrait à la prostitution et que cela lui avait valu le surnom de louve parmi les bergers : d'où la légende merveilleuse.

Si maintenant nous regardons nos deux fragments d'un œil grammatical, nous en extrairons sans mal des noms appartenant aux trois autres grands modèles de déclinaison qu'il nous reste à voir.

La 3ᵉ déclinaison est la plus difficile des cinq à cause des variations qu'on observe au génitif pluriel et à l'ablatif singulier. Ces deux points mis à part, elle s'apprend facilement.

Elle comprend des noms masculins, féminins et neutres.

Dans le premier extrait, nous trouvons le mot *scriptores.* Sa terminaison m'indique clairement qu'il n'appartient ni à la 1ère ni à la 2ᵉ déclinaison. De fait, si j'ouvre le Gaffiot – le dictionnaire latin-français le plus communément utilisé –, je lis *scriptor, oris* (m.), secrétaire, écrivain, etc. La forme *scriptoris* est celle du génitif singulier : ce qui caractérise en effet les noms de la 3ᵉ déclinaison, c'est le génitif singulier en *-is.*

Pour décliner un nom de la 3ᵉ déclinaison, il me faut impérativement connaître le génitif singulier. En effet, en ôtant la terminaison *-is* propre à ce cas, j'obtiens le *thème* du nom, et je décline ensuite en ajoutant au thème les terminaisons propres à la 3ᵉ déclinaison. Ainsi *scriptor* fait *scriptoris* au génitif, le thème du nom est donc *scriptor-*, à quoi vont s'ajouter les terminaisons. Mais ces dernières diffèrent quelque peu selon que le nom a ou n'a pas le même nombre de syllabes au nominatif et au génitif singulier.

On classe donc les noms de la 3ᵉ déclinaison en deux catégories. La première catégorie est celle des imparisyllabiques (*impar* = qui n'est pas le même, inégal), ainsi nommés parce qu'ils n'ont pas le même nombre de syllabes au nominatif et au génitif singulier.

Scriptor, par exemple, compte deux syllabes au nominatif alors que le génitif *scriptoris* en compte trois. C'est un imparisyllabique.

Si en revanche on considère le mot *amnis*, au début du deuxième extrait, et qu'on se reporte au dictionnaire, on y trouve *amnis, amnis* (m.) cours d'eau. La chose saute aux yeux : le mot a le même nombre de syllabes au nominatif et au génitif singulier. Il s'agit cette fois d'un parisyllabique.

Occupons-nous d'abord des imparisyllabiques et reprenons notre mot *scriptor*, dont nous avons vu que le thème était *scriptor-* :

Singulier	Pluriel
Scriptor	Scriptor**es**
Scriptor	Scriptor**es**
Scriptor**em**	Scriptor**es**
Scriptor**is**	Scriptor**um**
Scriptor**i**	Scriptor**ibus**
Scriptor**e**	Scriptor**ibus**

Un peu plus bas que *scriptor*, nous trouvons *vetustatem*. Le dictionnaire ou ma mémoire m'indique que cette forme vient de *vetustas* (nominatif), *vetustatis* (génitif). Le thème est donc *vetustat-*, à quoi s'ajoutent les terminaisons (ici *-em*, terminaison de l'accusatif singulier).

Il faut faire attention car le thème d'un nom est parfois assez éloigné de la forme du nominatif singulier. Au milieu du deuxième extrait, par exemple, nous trouvons *addit scelus sceleri*, « il ajoute le crime au crime ». *Scelus* est la forme du nominatif, vocatif et accusatif singulier (c'est un nom neutre) et *sceleri* est le datif : le génitif singulier est *sceleris*, le thème est donc *sceler-* (et non pas *scel-* ou *scelus-*).

De même, *nomen*, « le nom », que nous trouvons au début du deuxième extrait, fait *nominis* au génitif singulier : son thème est *nomin-*. Il nous servira de modèle pour la déclinaison des neutres :

Singulier	Pluriel
Nomen	Nomin**a**
Nomen	Nomin**a**
Nomen	Nomin**a**
Nomin**is**	Nomin**um**
Nomin**i**	Nomin**ibus**
Nomin**e**	Nomin**ibus**

On aura remarqué que le nominatif singulier des imparisyllabiques offre une grande variété de formes. Pour l'heure, nous nous contenterons d'enregistrer le fait. En tout état de cause, on se souviendra que c'est en général à partir de l'accusatif, le cas le plus employé, et non du nominatif, que les mots sont passés du latin au français : *ratio, -onis*, (f.), donne le français ration par l'intermédiaire de l'accusatif *rationem*.

De même, *homo, -inis* (m.), « être humain, homme », aboutit à homme par l'intermédiaire de l'accusatif *hominem* ; le nominatif *homo* était cependant fréquent lui aussi ; en ancien français il a donné *hom*, devenu notre pronom on.

Les parisyllabiques, quant à eux, se déclinent comme suit :

Singulier	Pluriel
Amn**is**	Amn**es**
Amn**is**	Amn**es**
Amn**em**	Amn**es**
Amn**is**	Amn**ium**
Amn**i**	Amn**ibus**
Amn**e**	Amn**ibus**

Au neutre, nous allons avoir deux petites différences par rapport aux imparisyllabiques : ablatif singulier en *-i* et nominatif, vocatif et accusatif pluriel en *-ia*.

Singulier	Pluriel
Mar**e**	Mar**ia**
Mar**e**	Mar**ia**
Mar**e**	Mar**ia**
Mar**is**	Mar**ium**
Mar**i**	Mar**ibus**
Mar**i**	Mar**ibus**

Les noms neutres en *-al* et *-ar*, comme *animal* ou *exemplar* (anciens adjectifs en *-ale* et *-are*) se déclinent comme *mare*.

Génitif pluriel en *ium*, donc, telle est l'estampille propre aux parisyllabiques. Pour le reste, *nihil notandum*, rien à signaler.

Et pourtant si !

Précisons d'abord que si les imparisyllabiques ont des terminaisons variables au nominatif singulier, les parisyllabiques, eux, se terminent tous soit en *is*, soit en *es*.

De plus, entre les imparisyllabiques et les parisyllabiques, il y a place pour les faux imparisyllabiques, pour ceux qui semblent être des parisyllabiques et n'en sont pourtant pas. Tel est le cas du mot *urbs*, « la ville », que nous trouvons sous la forme *urbis*, au tout début de notre premier passage. *Urbis* au génitif (deux syllabes), *urbs* au nominatif (une syllabe) : a tout l'air d'un imparisyllabique celui-là ! Eh bien non, c'est un faux ! Le nominatif *urbs* est une forme récente : on avait au départ *urbis*. Le *i* est ensuite tombé mais le mot a gardé ce qui fait la marque des parisyllabiques : c'est-à-dire le... le... bravo ! le génitif pluriel en **-ium**.

Mais alors, mais alors ? Mais non, pas de quoi s'inquiéter ! On reconnaît facilement les faux imparisyllabiques : ils ont deux consonnes avant le *-is* du génitif singulier. Par exemple, à la ligne 5, *arte* est l'ablatif de *ars, artis*, f., talent, savoir-faire, qualité, etc. Deux consonnes devant le *-is* font reconnaître un faux imparisyllabique : donc génitif pluriel en **-ium** (*artium*).

Pour en finir avec les génitifs pluriel, ajoutons que huit parisyllabiques – des vrais pourtant – ont le génitif pluriel en *um*. Ce sont : *pater, -tris*, (m.), le père ; *mater, -tris*, (f.), la mère ; *frater, -tris*, (m.), le frère ; *juvenis, -is*, (m.), le jeune homme ; *senex, -is*, (m.), le vieillard ; *vates, -is*, (m.), le devin ; *canis, -is*, (m. et f.), le chien, la chienne ; *volucres, -is,* (m.), l'oiseau. Nous avons là toute la petite famille, y compris le corbeau mis en cage pour servir d'amusette au grand-père, étant entendu que mère-grand est allée dans le bois, inquiète de ne pas voir rentrer sa petite fille, mystérieusement absente *hora prandii,* à l'heure de la collation de midi.

Quelques parisyllabiques ont conservé une déclinaison archaïque. Ainsi, *Tiberis,* le Tibre, fait *Tiberim* à l'accusatif singulier et *Tiberi* à l'ablatif singulier. De même *vis,* la force, la violence : Tite-Live parle de la Vestale *vi compressa,* prise de force.

La 4e déclinaison comprend des noms – masculins pour la plupart – en **-us** au nominatif et au génitif singulier (le *u* est bref au nominatif et long au génitif), comme *vultus, -us,* le visage ; et des neutres en **-u**, génitif **-us**, comme *cornu, -us,* la corne. *Manus, -us,* la main, qui nous sert de modèle, est du genre féminin.

Singulier	Pluriel
Man**us**	Man**us**
Man**us**	Man**us**
Man**um**	Man**us**
Man**us**	Man**uum**
Man**ui**	Man**ibus**
Man**u**	Man**ibus**

Ainsi se décline par exemple *partus, -us,* (m.), que nous trouvons dans le deuxième extrait.

Nota bene (« remarque bien », ou, si l'on vouvoie son

lecteur, « remarquez bien » ; les Romains, eux, ne connaissaient pas le vouvoiement) : *domus, -us,* (f.), la maison, se décline ainsi :

Singulier	Pluriel
Dom**us**	Dom**us**
Dom**us**	Dom**us**
Dom**um**	Dom**os** ou dom**us**
Dom**us**	Dom**orum** ou dom**uum**
Dom**ui**	Dom**ibus**
Dom**o** (parfois dom**u**)	Dom**ibus**

Comme on le voit, les Romains ne savaient plus trop si le mot suivait la 2e ou la 4e déclinaison. Voilà qui excuse quelques-uns de nos barbarismes – si du moins on accepte que nous plaidions *pro domo,* « pour (notre) maison », c'est-à-dire « pour nous-même ».

Les neutres se déclinent ainsi :

Singulier	Pluriel
Corn**u**	Corn**ua**
Corn**u**	Corn**ua**
Corn**u**	Corn**ua**
Corn**us**	Corn**uum**
Corn**ui**	Corn**ibus**
Corn**u**	Corn**ibus**

La 5e déclinaison comprend des noms en -**es**, féminins pour la plupart. Tel est le cas de *spes,* l'espoir (deuxième extrait), qui se décline ainsi :

Singulier	Pluriel
Sp**es**	Sp**es**
Sp**es**	Sp**es**
Sp**em**	Sp**es**
Sp**ei**	Sp**erum**
Sp**ei**	Sp**ebus**
Sp**e**	Sp**ebus**

Le mot *res* (à l'accusatif pluriel, au début du premier extrait), appartient lui aussi à la 5e déclinaison. Les significations de ce mot sont très nombreuses : la propriété, le bien, l'intérêt de quelqu'un ; la réalité ; les actions accomplies, les événements ; la situation, l'affaire, l'entreprise ; la chose... De l'ablatif pluriel vient le français rébus : dans un rébus, on comprend le message *rebus* = grâce aux choses (représentées).

L'accusatif *rem* a donné le français rien, qui a d'abord signifié quelque chose, comme on le voit encore dans des expressions telles que : un rien, un petit rien. « C'est pas rien » (= ce n'est pas quelque chose), dit-on encore aujourd'hui au pays des Allobroges, pour signifier « ce n'est pas grave ».

Res publica, c'est la chose publique, la propriété de l'État, d'où l'État.

Encore un dernier effort et nous en aurons fini avec le plus gros des déclinaisons.

Il nous reste à évoquer les adjectifs de la 2e classe, c'est-à-dire ceux qui suivent la 3e déclinaison. C'est là un chapitre délicat, parce qu'il comporte beaucoup d'exceptions ou, si l'on préfère, de règles particulières. Simplifions-donc.

Primo, la plupart des adjectifs de la 2ᵉ classe se déclinent, au masculin et au féminin sur le modèle d'*amnis, -is* (le fleuve), au neutre sur le modèle de *mare, -is* (la mer). Cependant, à la différence d'*amnis*, ils ont, pour la plupart, l'ablatif singulier en **i**.

Prenons pour modèle l'adjectif *rudis* (dans notre premier extrait sous la forme *rudem* – accusatif féminin singulier) :

Singulier (masculin, féminin, neutre)	Pluriel (masculin, féminin, neutre)
Rudis, rudis, rude	Rudes, rudes, rudia
Rudis, rudis, rude	Rudes, rudes, rudia
Rudem, rudem, rude	Rudes, rudes, rudia
Rudis, rudis, rudis	Rudium, rudium, rudium
Rudi, rudi, rudi	Rudibus, rudibus, rudibus
Rudi, rudi, rudi	Rudibus, rudibus, rudibus

Secundo, quelques adjectifs, comme *vetus* (dans le premier extrait sous la forme *veterem* – accusatif féminin singulier), ont l'ablatif singulier en **-e**, le génitif pluriel en **-um** et le nominatif, le vocatif et l'accusatif pluriel neutre en **-a** : autrement dit, ils se déclinent comme les noms imparisyllabiques (type *scriptor* et *flumen).*

Certains adjectifs ont la même forme au nominatif pour les trois genres ; on les désigne d'ordinaire en donnant leur nominatif et leur génitif singulier : *audax, audacis* (audacieux), *ferox, -ocis* (farouche), *dives, -itis* (riche), etc.

Les autres adjectifs, qui, au nominatif singulier, ont soit le masculin et le féminin semblables et une forme propre pour le neutre (type *rudis, rudis, rude*), soit une forme différente pour chaque genre (par exemple *celeber, celebris, celebre*, au début du deuxième extrait, sous la forme *celebre* – accusatif neutre singulier) sont désignés, comme on vient de le faire, par chacune des deux ou trois formes du nominatif singulier.

Et comme on a du mal à se quitter comme ça, brusquement, proposons une petite réflexion de Sénèque qui te redonnera peut-être quelque force, ami lecteur, qui doutes de savoir jamais assez de latin pour en tirer quelque plaisir :

Nihil est tam difficile et arduum, quod non humana mens vincat, et in familiaritatem perducat assidua meditatio, rien n'est si difficile et ardu que l'esprit humain n'en vienne à bout, et qu'une méditation assidue ne finisse par faire sien.

Chapitre III

Une visite aux Enfers

Énée, son père Anchise, son fils Ascagne et quelques centaines d'autres Troyens sont partis en exil à la suite de la prise de leur ville par les Grecs. Au terme de longues errances sur terre et surtout sur mer, Énée est averti par les dieux qu'il doit gagner l'Hespérie, autrement dit le Latium, où il est appelé à fonder Albe, d'où sortira Rome (voir le chapitre précédent). Énée n'est plus très loin de son but – il est en Sicile – lorsque son père meurt.

Ayant quitté la Sicile, Énée et ses compagnons sont poussés par les vents jusqu'à Carthage, où règne Didon. La reine est veuve et elle ne tarde pas à tomber sous le charme d'Énée. S'ensuit une brûlante histoire d'amour. Jupiter envoie alors Mercure à Énée pour lui rappeler sa mission. Le Troyen et les siens quittent donc Carthage, au grand désespoir de Didon, qui se suicide.

On débarque en Sicile, à l'endroit même où Anchise est mort un an plus tôt. Énée organise alors des jeux funèbres en l'honneur de son père, qui, pour l'occasion, apparaît en songe à son fils : « Une fois que tu auras débarqué en Italie, lui dit-il, la Sibylle de Cumes acceptera de te mener jusqu'à moi, dans les Enfers ».

Nous voici donc au chant VI, au moment où la Sibylle et Énée s'avancent dans le royaume de Dis, le dieu des Enfers. Dis est l'équivalent latin de Pluton, dont le nom, en grec, signifie « riche » : le royaume des morts est en effet le plus peuplé de tous. Énée est ceint de son épée ; quant à la Sibylle, elle cache sous ses voiles le rameau d'or qu'au début du chant Énée est allé cueillir dans la forêt, et qui persuadera Charon de contrevenir à la règle selon laquelle il ne fait pas traverser le Styx à des vivants.

Ibant obscuri sola sub nocte per umbram
Perque domos Ditis vacuas et inania regna :
Quale per incertam lunam sub luce maligna
Est iter in silvis, ubi caelum condidit umbra
Juppiter et rebus nox abstulit atra colorem.
Vestibulum ante ipsum primisque in faucibus Orci
Luctus et ultrices posuere cubilia Curae
Pallentesque habitant Morbi tristisque Senectus
Et Metus et malesuada Fames ac turpis Egestas,
Terribiles visu formae, Letumque Labosque,
Tum consanguineus Leti Sopor et mala mentis
Gaudia mortiferumque adverso in limine Bellum,
Ferreique Eumenidum thalami et Discordia demens,
Vipereum crinem vittis innexa cruentis.
In medio, ramos annosaque bracchia pandit
Ulmus opaca, ingens, quam sedem Somnia vulgo
Vana tenere ferunt foliisque sub omnibus haerent.

(Vers 268-283)

Ibant obscuri, *ils (= Énée et la Sibylle) allaient obscurs* ; sub sola nocte, *sous la nuit solitaire* (notons le double hypallage, c'est-à-dire le double déplacement des adjectifs, *obscuri* se rapportant au sujet du verbe *ibant*, cependant que *sola* est épithète de *nocte*- on attendrait l'inverse) ; per umbram, *à travers l'obscurité* ; perque domos vacuas, *et à travers les demeures vides* ; et inania regna, *et les inconsistants royaumes* ; Ditis, *de Dis* ; quale est iter, *semblable est le chemin* ; in silvis, *dans les forêts* ; per incertam lunam, *par une lune incertaine* ; sub luce maligna, *sous une lumière avare* ; ubi Juppiter condidit caelum, *quand Jupiter a fermé le ciel* ; umbra, *par de l'obscurité* ; et nox atra, *et (qu') une nuit noire* ; abstulit colorem rebus, *a ôté la couleur aux choses.*

Ante vestibulum ipsum, *devant le vestibule même* ; primisque in faucibus, *et dans les premières gorges* (noter la place de la préposition, entre l'adjectif et le nom : un tel ordre est fréquent en latin) ; Orci, *de l'Orcus* (autre nom de Dis, dieu des Enfers ; par métonymie, nom des Enfers eux-mêmes) ; Luctus, *le Deuil* ; Curaeque ultrices, *et les Tourments vengeurs* ; posuere cubilia, *ont placé leurs lits* ; pallentesque Morbi, *et les pâles Maladies* ; tristisque Senectus, *et la triste Vieillesse* ; habitant, *(y) habitent* ; et Metus, *et la Crainte* ; et Fames malesuada, *et la Faim mauvaise conseillère* ; ac turpis Egestas, *et le honteux Besoin* ; terribiles formae, *formes terribles* ; visu, *à voir* ; Letumque Labosque, *et la Mort et la Peine* ; tum Sopor, *et encore le Sommeil* ; consanguineus Leti, *frère de la Mort* ; et mala Gaudia mentis, *et les mauvaises Joies de l'esprit* ; mortiferumque Bellum, *et la Guerre qui porte la mort* ; adverso in limine, *sur le seuil en face* ; ferreique thalami Eumenidum, *et les lits de fer des Euménides* (nom grec des Furies : brandissant des torches et des fouets, les cheveux entrelacés de serpents, elles poursuivent les meurtriers et les parjures ; au livre VII, nous voyons l'une d'elle, Allecto, insuffler le désir de la guerre dans le cœur de Turnus, qui affrontera ensuite Énée...) ; et Discordia demens, *et la Discorde en délire* ; innexa crinem vipereum, *attachée quant à la chevelure (faite) de vipères (= la chevelure de vipères attachée)* ; vittis cruentis, *par des bandelettes sanglantes.*

In medio, *au milieu* ; ulmus opaca, *un orme ombreux* ; ingens, *immense* ; pandit ramos, *étend ses branches* ; annosaque bracchia, *et (ses) bras séculaires* ; quam, *lequel* (a pour antécédent *ulmus*, orme) ; ferunt, *on rapporte* ; vana Somnia, *les vains Songes* ; tenere, *occuper* ; vulgo, *en foule* ; sedem, *(à titre de) résidence* ; foliisque sub omnibus, *et sous toutes les feuilles* ; haerent, *ils sont attachés.*

Ils allaient, ténébreux, sous la nuit solitaire, parcourant l'obscurité des vastes demeures de Dis et son royaume d'ombres : ainsi va-t-on, dans la forêt, sous la lune incertaine et sa clarté chétive, quand Jupiter a couvert le ciel d'ombre et que la nuit noire a tout décoloré. Devant le vestibule même, à l'entrée des gorges de l'Orcus, le Deuil et les Remords vengeurs ont fait leur lit ; les pâles Maladies y habitent et la triste Vieillesse et la Peur et la Faim mauvaise conseillère et le hideux Besoin, apparitions terribles, et la Mort et la Souffrance et le Sommeil frère de la Mort et les Joies mauvaises de l'esprit, et, sur le seuil, en face, la Guerre porteuse de mort, les couches de fer des Euménides et la Discorde en délire, sa chevelure de vipères nouée de bandelettes sanglantes. Au milieu du vestibule, un orme ombreux, immense, étend ses rameaux et ses bras séculaires : les vains

Songes en ont fait, dit-on, leur demeure et y nichent en foule, attachés chacun à une feuille.

Qui ne s'est pas endormi sous le fascinant feuillage de l'arbre des Songes et veut pénétrer plus avant dans le ténébreux royaume de Dis, trouvera une complète géographie des Enfers dans la suite du livre VI. Il y rencontrera Cerbère, le chien à la triple tête, le nocher Charon, la Furie Tisiphone...

En attendant, ces premiers pas d'Énée dans les Enfers vont nous donner l'occasion de faire les nôtres dans la conjugaison latine.

Dans notre texte, le premier verbe régulier que nous pouvons facilement identifier est *habitant* (vers 8). Il s'agit de la 3e personne du pluriel d'un verbe signifiant habiter. L'infinitif présent de ce verbe est *habitare.* Cependant, si je cherche cette forme dans le dictionnaire de notre ami Félix (Gaffiot), je ne la trouverai pas. L'usage, commandé par des raisons de classement grammatical, est de citer les verbes à la 1ère personne du singulier du présent de l'indicatif. C'est donc à l'entrée *habito* que je dois me reporter pour trouver le sens de *habitant.* Naturellement, pour savoir que *habitant* est une forme dérivée de *habito*, je dois connaître les principes de la conjugaison latine. Une fois connus ces principes, il suffit, pour pouvoir conjuguer (et donc identifier dans un texte) n'importe quel verbe à n'importe quel temps ou mode de la voix active et passive, de connaître également :

– la 2e personne du singulier du présent de l'indicatif : *habitas* ;

– l'infinitif présent : *habitare* ;

– la 1ère personne du singulier du parfait (= passé simple, passé composé et passé antérieur) de l'indicatif : *habitavi* ;

– et enfin le supin, ou nom d'action : *habitatum.*

Ces formes constituent ce qu'on appelle les « temps primitifs ». Ainsi, les temps primitifs du verbe signifiant habiter sont :

Habito, j'habite ; *habitas,* tu habites ; *habitare,* habiter ; *habitavi,* j'ai habité ; *habitatum,* le fait d'habiter ou d'être habité. Pour faire bref, on écrit habituellement ainsi :

Habiter : *habito, as, are, avi, atum.*

C'est à partir de l'infinitif présent et de la 1ère personne du singulier du présent de l'indicatif qu'on classe les verbes latins en différents groupes ou, comme on dit d'ordinaire, en différentes conjugaisons. Il existe au total quatre conjugaisons, auxquelles il faut ajouter la 3e conjugaison *mixte,* ainsi appelée parce qu'elle semble hésiter entre la troisième et la quatrième (voir chapitre VI).

Par ailleurs, on dénombre :

– trois modes : l'indicatif, le subjonctif, l'impératif ;

– quatre formes nominales ou adjectivales du verbe : l'infinitif (présent, passé et futur), le participe (présent, passé et futur), l'adjectif verbal (à partir duquel on forme le gérondif, une sorte d'infinitif décliné : nous y reviendrons) et le supin.

Le supin est un nom d'action dérivé du verbe et qui, selon les cas, a un sens actif ou passif : *habitatum* = le fait d'habiter ou d'être habité. C'est d'ailleurs cette indifférence à la voix (active ou passive) qui a valu son nom au supin : *supinum verbum*, c'est, au sens propre, le « mot couché », autrement dit le mot aussi indifférent à la voix que l'est à l'agitation du monde le sage qui fait la sieste sur sa couche ou à l'ombre d'un orme.

Étant une forme nominale, le supin se décline : on le rencontre à l'accusatif, au datif (rare) et à l'ablatif. Virgile dit des Maladies, de la Faim et des autres maux qu'ils sont *terribiles visu formae*, « des formes terribles à voir » : *visu* = supin à l'ablatif de *video, vides, videre, vidi, visum*, voir.

On dit encore de nos jours *de visu*, avec le sens de « pour l'avoir vu » et *de auditu* avec le sens de « pour l'avoir entendu ».

Il existe six temps, que l'on répartit en deux groupes : présent, futur et imparfait sont les temps de l'*infectum* (= inachevé), parfait, plus-que-parfait et futur antérieur sont les temps du *perfectum* (= achevé).

Pour former les temps de l'*infectum*, on part du *thème* du présent.

Pratiquement, on obtient le thème du présent en ôtant le -**re** de l'infinitif présent.

Pour former les temps du *perfectum*, on part du *thème* du parfait, que l'usage apprend.

À tous les temps, on retrouve les mêmes désinences personnelles. À l'actif (sauf exception, en particulier au parfait), elles sont les suivantes :

-o ou *-m*
-s

-t
-mus
-tis
-nt

Ces désinences s'ajoutent au thème, augmenté lui-même, le cas échéant, d'un suffixe.

Les verbes de la 1ère conjugaison se caractérisent par l'infinitif présent en **-are**. Le thème du présent est donc en **a**.

La 1ère conjugaison est la plus facile, ce qui ne veut pas dire que les autres soient très difficiles. La voici. Traditionnellement, on prend pour modèle un verbe signifiant aimer : *amo, as, are, avi, atum.*

Indicatif

Présent

Sauf à la 1ère personne, on ajoute les désinences personnelles *-s, -t, -mus, -tis, -nt* au thème du présent :

Amo
Ama-s
Ama-t
Ama-mus
Ama-tis
Ama-nt

De même : *habito, habitas, habitat, habitamus, habitatis, habitant.*

Qui bene amat, bene castigat, « qui aime bien, châtie bien », dit-on lorsqu'on veut justifier telle ou telle punition. En habits latins, la justification semble avoir plus de poids. Les Romains de l'époque classique, pourtant grands utilisateurs de la férule lorsqu'il s'agissait de faire entendre raison à un garnement récalcitrant, ne paraissent pas avoir connu ce proverbe. Il semble qu'il nous vienne de la tradition chrétienne. Dans la traduction latine de l'*Épître aux Hébreux* nous lisons en effet (XII, 6) : *Quem enim diligit Dominus castigat* ; quem enim, *celui en effet que* ; Dominus, l*e Seigneur* ; diligit, *aime entre tous* ; castigat, *il (le)* châtie. « Le Seigneur châtie celui qu'il aime. »

Imparfait

Thème du présent + suffixe *ba* (à l'origine *a* seulement) + désinence personnelle :

Ama-ba-m
Ama-ba-s
Ama-ba-t
Ama-ba-mus
Ama-ba-tis
Ama-ba-nt

Le suffixe *-ba* est caractéristique de l'imparfait de l'indicatif, pour presque tous les verbes, y compris irréguliers.

Au vers 1 du texte de Virgile : *ibant* est la 3e personne du pluriel de l'imparfait de l'indicatif du verbe (irrégulier) *eo, is, ire, ii (ou ivi), itum*, aller.

Futur

Thème du présent + suffixe *bo/bi/bu* + désinence personnelle :

Ama-bo
Ama-bi-s
Ama-bi-t
Ama-bi-mus
Ama-bit-is
Ama-bu-nt

À la fin du chant VI, Énée retrouve son père Anchise. Celui-ci fait voir d'avance à son fils ceux grâce à qui Rome deviendra la prestigieuse capitale qu'elle est devenue sous l'empereur Auguste (avec lequel Virgile souhaite rester dans les meilleurs termes).

Anchise vient de montrer Romulus :

En hujus, nate, auspiciis illa incluta Roma
Imperium terris, animos aequabit Olympo,
Septemque una sibi muro circumdabit arces...

En, *voici* ; auspiciis hujus, *sous les auspices de celui-ci* ; nate, *(mon) fils* ; illa incluta Roma, *cette illustre Rome* ; aequabit (3e personne du singulier du futur de l'indiacatif de *aequo, as, are, avi, atum*, « égaler »), *égalera* ; imperium, *son empire* ; terris, *aux terres* ; animos, *ses âmes* ; Olympo, *à l'Olympe* ; septemque arces circumdabit (3e personne du singulier du futur de l'indicatif de *circumdo, as, are, dedi, datum*, « placer autour, entourer »), *et elle entourera sept collines* ; una, *en même temps* ; sibi, *pour elle-même* ; muro, *par un mur.*

« C'est sous les auspices de celui-ci (= Romulus), mon enfant, que cette illustre Rome égalera son empire au monde entier, sa force d'âme à celle de l'Olympe, et par un seul rempart entourera sept collines. »

Parfait

Thème du parfait + suffixe *is* (à certaines personnes) + désinence personnelle :

Amav-i
Amav-is-ti
Amav-it
Amav-i-mus
Amav-is-tis
Amav-erunt (ou amav-ere)

La plupart des verbes de la 1ère conjugaison ont un parfait en *v* + *i*, *isti*, etc. Un certain nombre ont un parfait en *-ui*, par exemple *seco*, « couper », qui fait *secui* ; d'autres ont un parfait à redoublement : *do, as are*, « donner », a *ded-* comme thème de parfait et on conjugue : *ded-i, ded-isti, ded-it*, etc.

Sur le thème du parfait, on forme les autres temps du *perfectum.*

Plus-que-parfait

Thème du parfait + suffixe *-is* (devenu *-er)* + désinences personnelles caractéristiques de l'imparfait (*-am, -as, -at*, etc.)

Amav-er-am
Amav-er-as
Amav-er-at
Amav-er-amus
Amav-er-atis
Amav-er-ant

Futur antérieur

On ajoute *-ero, -eris, -erit,-erimus, -eritis, -erint* au thème du parfait : *amav-ero, ded-eris*, etc.

Plaçons ici, contrairement à l'usage, les formes de l'infinitif. Nous aurons en effet besoin de l'infinitif parfait pour « fabriquer » le subjonctif plus-que-parfait.

Infinitif présent : Amare. – Futur : Amaturum, am, um esse (formé du participe futur + infinitif du verbe sum, « être », et signifiant littéralement : être sur le point d'aimer). – Parfait : Amav-isse.

SUBJONCTIF

La voyelle ***e*** se substitue à la voyelle *a* ou *o* du présent de l'indicatif.

Présent	Imparfait
Amem	Amarem
Ames	Amares
Amet	Amaret
Amemus	Amaremus
Ametis	Amaretis
Ament	Amarent

En pratique, on ajoute *-m, -s, -t, -mus, -tis, -nt* à l'infinitif présent. Cela sera vrai pour tous les verbes sans exception, ce qui fait de l'imparfait du subjonctif (fréquent en latin), le temps le plus facile à conjuguer qui soit.

À noter cependant que, du point de vue de la formation, l'imparfait du subjonctif n'a rien à voir avec l'infinitif présent (on avait, à l'origine, *ama-s-em,* etc.)

Parfait

Identique au futur antérieur de l'indicatif, sauf à la 1ère personne : *amav-erim, ded-eris*, etc.

Plus-que-parfait

Amav-issem
Amav-isses
Amav-isset
Amav-issemus
Amav-issetis
Amav-issent

Pratiquement, on ajoute *-m, -s, -t, -mus, -tis, -nt* à l'infinitif parfait (thème du parfait + *-isse).*

Impératif

Présent

2e personne du singulier : Ama
2e personne du pluriel : Amate

Futur

2e et 3e personne du singulier : Amato
2e personne du pluriel : Amatote
3e personne du pluriel : Amanto

Supin

Amatum

Participe

Présent

Nominatif (aux trois genres) : Amans
Génitif (aux trois genres) : Amantis
Se décline comme un adjectif de la 2e classe. Mais l'ablatif singulier est en *e* quand le participe est employé comme verbe.

Parfait (passif) : Amatus, a, um

On le donne ici parce qu'il sert à former le participe futur actif. À l'origine, il est formé au moyen d'un suffixe *-to* ajouté directement à la racine verbale. Pratiquement on le forme en substituant *-tus* (masculin), *-ta* (féminin), *-tum* (neutre) à la terminaison *-tum* du supin.

Il se décline comme *bonus, bona, bonum.*

Futur (actif)

Amaturus, a, um : on substitue *-urus, -ura, -urum* aux terminaisons *-us, -a, -um* du participe passé.

Capuae habitaturus sum, *je suis sur le point d'habiter, disposé à habiter, prêt à habiter à Capoue.*

Adjectif verbal (ou participe futur passif)

Suffixe *-ndus, -nda, -ndum* ajouté au thème du présent :

Amandus, amanda, amandum (= devant être aimé).

Au chapitre XII, nous reviendrons sur cette forme, ainsi que sur le gérondif qu'elle permet de former et qui est une sorte d'infinitif décliné : *amandum* (accusatif), *amandi* (génitif), *amando* (datif et ablatif).

Vale, lector amice.

Chapitre IV

Une certaine idée du bonheur

De rerum natura : de la nature des choses. Mais quelles choses ?

Le poème de Lucrèce (99-55 av. J.-C.) qui porte ce titre traite de tout ce qui est, et cherche à expliquer comment la nature s'y prend pour « créer, faire grandir et nourrir toutes choses, *omnes res* » (I, 56). En s'exprimant ainsi, Lucrèce suggère que les « choses » dont il parle sont vivantes et c'est pourquoi le mot a quelque chose d'étonnant, en français du moins. Qu'en était-il en latin ?

Tous les sens du mot *res* – nous les avons évoqués au chapitre III – renvoient à des réalités matérielles. Dès lors, l'emploi de ce mot pour désigner l'ensemble de ce qui existe, humanité incluse, relève d'une intention précise : il laisse entendre que l'être humain est lui aussi une « chose », une réalité matérielle que la science de la nature, la physique (du grec *phusis*, « nature ») peut étudier et expliquer (*pandere* : ouvrir, révéler, découvrir, est le verbe utilisé en I, 56). De fait, pour Lucrèce, l'esprit (*mens* ou *animus*) et l'âme humaine (*anima*) – qui à vrai dire ne semblent guère différer que par leurs fonctions, *animus* et *mens* renvoyant aux fonctions intellectuelles et *anima* à la sensibilité – l'esprit et l'âme, donc, ont une nature corporelle, *corporea natura* (III, 161-162) : l'un et l'autre sont formés de corps tout à fait minuscules.

Ces corps minuscules sont les ancêtres, si l'on peut dire, de nos modernes atomes. Pour les désigner, Lucrèce emploie toutes sortes de mots ou d'expressions (*minuta corpora*, corps minuscules ; *minuta semina*, semences minuscules ; *parvae figurae*, petites formes, etc.) mais jamais le mot *atomus*, atome, – calque du grec *(soma) atomon*, corps insécable, indivisible – pourtant connu de Cicéron, son contemporain.

Si tout en l'homme est matière, la destinée de l'âme est semblable à celle du corps. À notre mort, les particules qui constituaient notre corps et notre âme se dispersent dans l'univers et nous disparaissons à tout jamais. Inutile donc de nous soucier de l'au-delà. Tâchons de jouir au mieux du peu de temps que nous passons sur terre. La souffrance et l'angoisse sont déplaisantes ? Travaillons à les bannir. Le plaisir nous est agréable ? Recherchons-le.

Semblable philosophie, que Lucrèce – il ne s'en cache pas – emprunte principalement à Épicure, ne pouvait plaire ni aux stoïciens, ni encore moins, plus tard, aux chrétiens. Pour les premiers, le devoir de l'être humain est de consentir à ce qui lui arrive, tout événement trouvant sa justification dans le fait qu'il contribue à l'harmonie universelle voulue par le *Logos*, autrement dit la Raison divine : pas question dans ces conditions de chercher son plaisir propre ; chacun doit au contraire s'efforcer de trouver quelle place dans l'univers lui est assignée par le destin, sous les figures variées duquel se cache le *Logos.*

Quant aux chrétiens, ils n'eurent de cesse de dénoncer l'athéisme pratique (sans nier l'existence des dieux, Épicure et ses disciples pensaient que les affaires humaines n'intéressaient pas les divins habitants de l'Olympe) et le matérialisme des épicuriens auxquels ils reprochèrent dans la foulée de réduire la vie humaine à la recherche du plaisir. Sur ce dernier point au moins, les chrétiens faisaient fausse route : ni Épicure ni Lucrèce ne prônent une recherche effrénée du plaisir. Le texte qui suit le montre : le bonheur selon Épicure et ses disciples résulte d'une part de l'absence de douleur, d'autre part de plaisirs simples et modérés.

O miseras hominum mentes, o pectora caeca !
Qualibus in tenebris vitae quantisque periculis
Degitur hoc aevi quodcumque est ! Nonne videre
Nil aliud sibi naturam latrare, nisi utqui
Corpore sejunctus dolor absit, mensque fruatur
Jucundo sensu cura semota metuque ?
Ergo corpoream ad naturam pauca videmus
Esse opus omnino, quae demant cumque dolorem,
Delicias quoque uti multas substernere possint.
Gratius interdum neque natura ipsa requirit,
Si non aurea sunt juvenum simulacra per aedes
Lampadas igniferas manibus retinentia dextris,
Lumina nocturnis epulis ut suppeditentur,
Nec domus argento fulget auroque renidet,
Nec citharae reboant laqueata aurataque templa,
Cum tamen inter se prostrati in gramine molli,
Propter aquae rivum, sub ramis arboris altae,

Non magnis opibus jucunde corpora curant,
Praesertim cum tempestas adridet, et anni
Tempora conspergunt viridantes floribus herbas.

(Livre II, vers 14-33)

O miseras mentes, *ô misérables esprits* ; hominum, *des humains* ; o pectora caeca, *ô cœurs aveugles* ; qualibus in tenebris vitae, *dans quelles ténèbres de la vie* ; quantisque periculis, *et dans quels grands dangers* ; hoc aevi, *ce (peu) de vie* ; quodcumque est, *quel qu'il soit* ; degitur, *est passé* ; nonne videre, *(est-ce que ne pas =) est-il possible de ne pas voir* ; naturam latrare, *la nature réclamer* ; nil aliud, *rien d'autre* ; sibi, *pour soi* ; nisi utqui, *si ce n'est que* ; dolor sejunctus corpore, *la douleur séparée du corps* ; absit, *soit absente* ; mensque fruatur, *et que l'esprit jouisse* ; jucundo sensu, *d'une perception agréable* ; semota cura metuque, *éloigné du souci et de la crainte* ; ergo, *donc* ; videmus, *nous voyons* ; pauca (neutre pluriel de l'adjectif *pauci, -ae, -a,* « peu nombreux ») *peu de choses* ; esse opus, *être besoin* ; ad naturam corpoream, *pour la nature corporelle* ; quae demant cumque = quaecumque demant, *(à savoir) toutes les choses qui retranchent* ; dolorem, *la douleur* ; ut quoque, *et à savoir aussi (qui)* ; possint substernere, *puissent y substituer ;* multas delicias, *de nombreuses délices* ; neque natura ipsa requirit, *et la nature en tant que telle ne réclame pas* ; gratius, (*chose*) *plus agréable* ; interdum, *de temps en temps* ; si non sunt per aedes, *s'il n'y a pas dans la maison* ; simulacra aurea juvenum, *des statues dorées d'éphèbes* ; retinentia manibus dextris, *tenant dans leurs mains droites* ; lampadas igniferas, *des lampes enflammées* ; ut suppeditentur lumina, *pour qu'elles four-*

nissent des lumières ; nocturnis epulis, *aux nocturnes festins* ; nec domus fulget argento, *et (si) la maison ne brille pas par l'argent* ; auroque renidet, *et (ne) reluit (pas) d'or* ; nec citharae reboant, *et (si) les cithares ne font pas résonner* ; templa laqueata aurataque, *les espaces lambrissés et dorés* ; cum tamen, *lorsque pourtant* ; prostrati inter se, *couché(s) entre soi* ; in gramine molli, *dans l'herbe tendre* ; propter aquae rivum, *près d'un cours d'eau* ; sub ramis arboris altae, *sous les branches d'un arbre élevé* ; curant corpora jucunde, *ils (= on) traitent les (= son) corps agréablement* ; non magnis opibus, *sans grands moyens* ; praesertim cum tempestas adridet, *surtout lorsque le temps sourit* ; et tempora anni, *et que les temps de l'année (= la saison)* ; conspergunt viridantes herbas, *parsème(nt) les vertes herbes* ; floribus, *de fleurs.*

Ô pitoyables esprits des hommes, ô cœurs aveugles ! Dans quelle vie ténébreuse et pleine de danger passent-ils le peu de temps qui leur est imparti !

Comment ne voit-on pas que la nature ne réclame rien pour soi-même, sinon que la douleur s'éloigne du corps et que l'esprit jouisse agréablement de ce qu'il perçoit, délivré de l'inquiétude et de la crainte. Notre nature corporelle n'a donc vraiment besoin que du petit nombre de choses capables d'éliminer la douleur et de donner des plaisirs.

Nous n'avons pas dans nos maisons de statues dorées d'éphèbes brandissant des flambeaux allumés pour éclairer nos festins nocturnes ? L'argent ne fait pas briller nos demeures, l'or ne les fait pas reluire ? Les cithares ne résonnent pas sous nos lambris dorés ? Qu'importe, la nature, elle, ne demande rien de plus agréable que ceci : de temps en temps, entre amis, se prélasser à peu de frais, couché sur un tendre gazon, au bord d'une rivière, sous les branches d'un arbre élevé, par-dessus tout lorsque le temps sourit et que la saison a fleuri l'herbe verte.

Encore un peu et l'on s'endormirait, ravi en esprit dans l'herbe molle, à l'ombre du grand orme, parmi les fleurs odorantes... Non loin les amis bavardent. Ils évoquent les maîtres de Lucrèce. Démocrite (460-370 av. J.-C.) d'abord, et sa théorie de l'atomisme, selon laquelle l'univers n'est au fond qu'une gigantesque combinaison d'atomes en mouvement perpétuel. Ils évoquent ensuite l'athénien Épicure (340-270 av. J.-C.), qui dénonçait la vanité des richesses et de la gloire. Ne craignons, disait-il, ni les dieux ni la mort, et, délivrés de cette double peur, attachons-nous à modérer nos désirs, de façon à pouvoir les satisfaire sans trop de mal : nous pourrons alors espérer atteindre à l'ataraxie, l'absence de trouble, la tranquillité de l'âme, qui nous fera trouver belle cette journée passée au bord de l'eau...

On n'entendra pas la suite : le ramage des oiseaux couvre la parole des amis, et l'on finit par s'endormir pour de bon.

D'entre les pages du vieux grimoire – *Anthologie des philosophes et poètes épicuriens*, éditions La Cigale, Paris 1864 –, sort une fourmi noire, *formica nigra*, qui nous pique, la vilaine ! et nous réveille, et nous fait les gros yeux : « Par Minerve, on ne transcrit pas des vers de Lucrèce pour s'en faire un mol oreiller ! Allez, au travail ! »

On ne peut qu'obtempérer : la fourmi n'est pas

joueuse, c'est là son... Mais chut ! Ne la mécontentons pas. Obéissons.

Suivons-la pas à pas dans les vers de Lucrèce.

Justement, au vers trois, ses pattes frétillantes nous signalent un verbe dont nous voulions parler depuis longtemps. *Est*, 3ᵉ personne du singulier du présent de l'indicatif du verbe signifiant « être », et que nous retrouvons cinq vers plus bas, à l'infinitif : *esse*.

Sur le plan syntaxique, *sum* s'emploie principalement soit comme copule, c'est-à-dire suivi d'un attribut, soit, surtout en tête de phrase, avec le sens de « il y a » : *Erat pirus in vicinia nostrae vineae*, il y avait un poirier à proximité de notre vigne.

En voici la conjugaison.

INDICATIF

Présent

Sum
Es
Est
Sumus
Estis
Sunt

Pas de grosses difficultés, on le voit. D'ailleurs, grâce à Descartes, et son *cogito ergo sum*, chacun connaît de longue date la forme *sum*.

On connaît moins, peut-être, ce vers de Térence (auteur dramatique né en 193 av. J.-C. et mort en 159) :

Homo sum, humani a me nihil alienum puto.

Homo sum, *je suis homme* ; puto, *je pense* ; nihil humani, *(que) rien d'humain* ; alienum a me, *(ne) m'(est)* étranger.

« Je suis homme et je considère que rien d'humain ne m'est étranger. »

Ce vers est tiré de la pièce intitulée *Heautontimoroumenos* (*Le Bourreau de soi-même*). Térence a gardé le titre de la pièce grecque de Ménandre dont il s'est inspiré.

Maintes fois cité, en particulier par les auteurs chrétiens, ce vers a été regardé comme exprimant de façon particulièrement heureuse un humanisme qui, pour être païen, n'en paraît pas moins assez proche de l'universalisme chrétien.

Dans la pièce, sa portée est moindre. Le « bourreau de soi-même » est un Athénien nommé Ménédème qui s'impose de pénibles privations pour se punir d'avoir chassé son fils dont il n'approuvait pas le penchant pour la belle Antiphile. Intrigué par la conduite de Ménédème, un voisin bien intentionné s'enquiert des raisons d'un tel comportement. S'adressant à Ménédème, il lui déclare, pour justifier sa curiosité : *Homo sum*, etc.

Imparfait	Futur
Eram	Ero
Eras	Eris
Erat	Erit
Eramus	Erimus
Eratis	Eritis
Erant	Erunt

Parfait

Fu-i
Fu-isti
Fu-it
Fu-imus
Fu-istis
Fu-erunt

Plus-que-parfait

Fu-eram, fu-eras, etc (voir amo).

Futur antérieur

Fu-ero, fueris, etc.

SUBJONCTIF

Présent	Imparfait
Sim	Essem ou forem
Sis	Esses ou fores
Sit	Esset ou foret
Simus	Essemus
Sitis	Essetis
Sint	Essent ou forent

Parfait

Fu-erim, fu-eris, etc.

Plus-que-parfait

Fu-issem, fu-isses, etc.

Impératif

Présent

Es
Este

Futur

2e et 3e personne du singulier : Esto
2e personne du pluriel : Estote
3e personne du pluriel : Sunto

Non satis est pulchra esse poemata : dulcia sunto, déclare Horace dans son *Épitre aux Pisons.*

Non satis est, *il n'est pas suffisant* ; poemata, *les poèmes* ; pulchra esse, *être beaux* ; dulcia sunto, *qu'ils soient agréables.*

« Il ne suffit pas que les poèmes soient beaux, il faut qu'ils soient agréables. »

Infinitif

Présent : Esse
Parfait : Fuisse
Futur : Fore ou futurum esse

Participe

Futur : Futurus, a, um

Ni participe présent, ni participe passé, ni gérondif, ni supin.

Un certain nombre de verbes se conjuguent – à peu de choses près – comme *sum.* On les appelle les composés de *sum.*

Ce sont : *ab-sum*, être éloigné, être absent ; *ad-sum*, être présent, assister ; *de-sum*, manquer, faire défaut ; *in-sum*, être dans ; *inter-sum*, être dans l'intervalle, se trouver au milieu de, participer, etc ; *ob-sum*, faire obstacle, nuire à ; *prae-sum*, être à la tête de, commander ; *sub-sum*, être sous, près de ; *super-sum*, être en plus, rester, survivre ; *possum*, pouvoir ; *prosum*, être utile.

Dans chacun de ces verbes, le préfixe reste le même tout au long de la conjugaison.

Quelques exceptions cependant :

– *absum* fait *afui* au parfait ;

– dans *prosum* (à l'origine *prod-sum*), le *d* réapparaît devant une voyelle. Ainsi, au présent de l'indicatif, nous avons : *prosum, prodes, prodest, prosumus, prodestis, prosunt* ; à l'imparfait : *proderam, proderas*, etc. ; au parfait : *profui, profuisti*, etc. ; infinitif présent : *prodesse.*

– dans *possum*, le t se substitue au s devant voyelle. Au présent de l'indicatif : *possum, potes, potest, possumus, potestis, possunt* ; à l'imparfait : *poteram, poteras*, etc. ; au parfait *potui, potuisti*, etc. ; infinitif présent : *posse.*

Nemo potest personam diu ferre.

Nemo potest, *personne (ne) peut* ; ferre diu, *porter longtemps* ; personam, *le masque* ; ainsi parle Sénèque (– 4 av. J.-C. – 65 ap. J.-C.) dans son traité *De clementia*. L'affirmation est sans doute discutable ; elle nous fait en tout cas retrouver l'étymologie du mot personne : *persona*, en latin, c'est d'abord le masque, puis le rôle ; d'où, ensuite, l'individu, la personne. À noter qu'il s'agit d'un mot d'origine étrusque (*phersu* = le masque).

Les chrétiens opposaient un *non possumus*, « nous ne pouvons pas », à ceux qui entendaient les contraindre à confesser la divinité des empereurs. L'expression est restée. On l'entend dans la bouche de ceux qui opposent les exigences de leur conscience à des ordres qu'ils récusent.

La plupart des composés de *sum* ont leur complément au datif. Ce n'est cependant pas le cas du verbe *absum*, « être loin de », qui se construit avec l'ablatif, souvent précédé de la préposition *ab* (*a* devant une consonne).

Nihil a me abest longius crudelitate.

Nihil abest, *rien n'est éloigné* ; longius, *plus loin* ; a me, *de moi* ; crudelitate, *que la cruauté*.

« Rien n'est plus éloigné de moi, rien ne m'est plus étranger, que la cruauté », écrit Cicéron (106 – 43 av. J.-C.) à son ami Atticus.

Le verbe *possum*, quant à lui, se construit avec l'infinitif, et cela nous amène tout naturellement à donner quelques précisions sur cette forme verbale.

L'infinitif se rencontre le plus souvent :

– comme sujet (dont l'attribut se met au neutre) : *errare humanum est*, se tromper est humain ;

– comme complément d'objet :

volo scire, je veux savoir ; de même au vers 9 de notre texte, *substernere* est complément de *possint* (3e personne du pluriel du subjonctif présent).

– comme verbe d'une proposition dite « infinitive » :

aux vers 2 et 3, *nil aliud sibi naturam latrare* est une proposition infinitive complément de *nonne videre*. Le mot à mot est le suivant : nonne videre, *est-il possible de ne pas voir* ; naturam, *la nature* ; nil latrare sibi, *rien réclamer pour elle* ; nisi, *si ce n'est...* Nous constatons que *naturam* est à la fois complément d'objet de *videre* et sujet de *latrare* ; c'est parce que le mot est d'abord complément d'objet de *videre* qu'il se met à l'accusatif, même si, dans l'analyse grammaticale, nous disons que *naturam* est sujet de *latrare*.

Au total, il suffit de retenir que la proposition infinitive est une proposition qui dépend d'un verbe principal signifiant *dire, croire, penser, savoir, entendre, voir, se réjouir, s'étonner*, etc. ; que son verbe est à l'infinitif et que le sujet de ce verbe (ainsi que l'éventuel attribut) est à l'accusatif : *scio vitam brevem esse* ; scio, *je sais* ; vitam, *la vie* ; esse, *être* ; brevem, *brève*.

Le verbe de la proposition infinitive est à l'infinitif parfait s'il exprime une action antérieure au moment indiqué par le verbe de la proposition principale : *Graeci dicunt Homerum caecum fuisse* ; Graeci dicunt, *les Grecs disent* ; Homerum, *Homère* ; caecum fuisse, *avoir été aveugle* : les Grecs disent qu'Homère était (fut) aveugle.

De même, un infinitif futur indiquera une action postérieure au moment indiqué par le verbe de la principale : *speramus multam fore segetem* ; speramus, *nous espérons* ; segetem, *la moisson* ; fore, *devoir être* ; multam, *abondante* : nous espérons que la moisson sera abondante.

– dans une exclamation :

Tanta audacia respondere, répondre avec une telle audace !

Dans notre texte, nous avons une interro-exclamation :

Nonne videre... ! (Comment) ne pas voir... !

– employé dans un récit, à la place de l'indicatif présent ou parfait, dans un souci de variété, comme « infinitif de narration ». Ce type d'infinitif est fréquent chez les historiens. César, parlant de lui comme à son ordinaire à la 3e personne, écrit : *cotidie Caesar frumentum flagitare*, et chaque jour, César de réclamer des vivres.

Venons-en maintenant à une revue rapide de certains petits mots fort utiles. Nous en avons déjà rencontré quelques-uns sans leur accorder toute l'attention qu'ils méritent.

Commençons par les quatre conjonctions de coordination, *et*, *-que*, *atque* et *ac*, correspondant au français « et ».

Nous trouvons un *-que* au vers 2 : ... *quantisque periculis* : Lucrèce coordonne ainsi *quantis periculis* et *qualibus in tenebris*. La particularité de *-que* est donc, on le voit, de s'adjoindre à un mot que l'on veut coordonner au précédent. Ainsi encore au vers 5 : *...dolor absit* *mensque fruatur*, que la douleur soit tenue loin et que l'esprit jouisse, etc.

Atque et *ac* sont strictement équivalents à *et* ou *-que*. On les trouvera, au chapitre suivant, dans la description de la maison dorée de Néron par Suétone. Il faudra ouvrir l'œil !

Sauf cas particulier, on ne dit pas *et non* : pour dire « et ne pas », on a recours à *nec* ou *neque*.

Répétés, *nec* ou *neque* signifient ni... ni. Nous en avons un exemple aux vers 14 et 15 : *Nec domus.../ Nec citharae...*

Fluctuat nec mergitur, dit-on du vaisseau figurant Paris : il est battu par les flots et ne sombre pas.

Au vers 3, nous trouvons l'adverbe interrogatif *nonne*. Il nous fournit l'occasion de dire deux mots sur l'interrogation directe.

Pour exprimer une interrogation partielle, le latin a recours à des adverbes interrogatifs : *quando*, quand ? *ubi*, où ? *quomodo*, comment ? *cur, quia*, pourquoi ? etc.

Pour exprimer une interrogation totale (réponse par oui ou non) trois possibilités, selon le type de réponse attendue.

Pour poser une question à laquelle on n'attend pas de réponse particulière, on emploie la particule *-ne* que l'on accole, en principe, au premier mot de la proposition interrogative : *beatusne es*, es-tu heureux ?

Pour poser une question à laquelle on espère une

réponse négative, on a recours à *num* : *num insanus es*, est-ce que tu es fou ?

Enfin, lorsqu'on attend une réponse affirmative, on utilise *nonne* (formé de la négation *non* + particule interrogative *ne*) : *nonne lepidus est*, n'est-il pas charmant ?

Le passage de Lucrèce nous invite à terminer le chapitre par un bref paragraphe sur les compléments de lieu ; il en offre en effet quelques exemples.

On distingue quatre grands types de compléments de lieu.

Il y a tout d'abord le complément de lieu « où l'on est » : le nom où le groupe nominal complément n'indique aucun déplacement et répond à la question *ubi*, où (es-tu, est-il ? etc.). Pour ce type de complément, on emploie principalement l'ablatif, précédé de diverses prépositions : *in*, dans, en, sur ; *sub*, sous ; *pro*, devant ; etc.

Ainsi, au vers 17, Lucrèce évoque le prélassement *sub ramis arboris altae*, sous les branches d'un arbre élevé : *ramis* est l'ablatif pluriel de *ramus, i* (m.), la branche.

De même, on dit : *in medio stat virtus*, dans le milieu, au milieu, se tient la vertu.

Cependant, lorsqu'il s'agit d'un nom de ville, on emploie un vieux cas, le locatif, dont les formes ont fini par se confondre, pour les noms au singulier de la 1ère et de la 2e déclinaison, avec le génitif singulier, et pour les autres noms, avec l'ablatif.

Ainsi donc, on dira :

Galli sunt in campo, les Gaulois sont dans la plaine ;

Multi vivunt Massiliae (locatif/génitif de *Massilia, ae*), beaucoup vivent à Marseille ;

Nonnulli vivunt Lugduni (locatif/génitif de *Lugdunum, i)*, quelques-uns vivent à Lyon ;

Plato vixit Athenis (locatif/ ablatif de *Athenae, arum*, un nom de ville au pluriel), Platon vécut à Athènes.

Erat Apollinis templum Delphis (locatif/ablatif de *Delphi, orum*, pluriel également), il y avait un temple d'Apollon à Delphes.

On dit de même :

Sum domi (locatif/génitif de *domus, us*, [f.] la maison), je suis à la maison ;

Sum humi (locatif/génitif de *humus, i*, [f.] le sol), je suis par terre ;

Sum ruri (locatif/génitif de *rus, ruris*, [n.] la campagne), je suis à la campagne.

On aura remarqué que les formes au locatif ne sont pas précédées d'une préposition.

À noter enfin que les prépositions *ante* (devant) et *post* (derrière) se construisent toujours avec l'accusatif.

On distingue ensuite les compléments de lieu « où l'on va », qui répondent à la question *quo*, où (vas-tu, va-t-il ? etc.).

Le seul cas utilisé est l'accusatif, précédé de diverses prépositions : *in*, dans ; *ad*, près de ; etc.

Æneas descendit in Infernos, Énée descend aux Enfers.

On emploie l'accusatif sans préposition avec *domus*, *rus*, et les noms de ville, s'il s'agit d'un complément de lieu dans lequel on entre (ou veut entrer) :

Eo Romam, je vais à Rome.

Mais on dit, avec une préposition, *eo ad Lutetiam*, je vais près de Lutèce, aux environs de Lutèce, etc.

Les compléments de lieu d'où l'on vient sont à l'ablatif, précédé de diverses prépositions ; ils répondent à la question *unde*, d'où (viens-tu) ? Ils offrent une belle palette de nuances :

– lieu d'où l'on sort : *ex* + ablatif pour les noms communs, ablatif sans préposition pour *domus, rus* et les noms de ville ;

– lieu d'où l'on s'éloigne sans y être entré : *ab* + ablatif ;

– lieu d'où l'on descend, d'où une chose se détache : *de* + ablatif ;

– personne de qui l'on s'éloigne : *ab* + ablatif.

Ainsi donc, on dit :

Redeo ex horto, je reviens du jardin ; *redeo Roma, domo*, je reviens de Rome, de chez moi ; *redeo a Roma*, je reviens des environs de Rome ; *praecipitatus est de saxo Tarpeio*, il fut précipité du haut de la roche Tarpéienne ; *Æneas a Didone abit*, Énée s'éloigne de Didon.

Les compléments de lieu par où l'on passe répondent à la question *qua*, par où (passes-tu) ?

Deux réponses possibles : soit l'on traverse un lieu, soit l'on passe par une voie de communication (route, pont, porte).

Dans le premier cas, on utilise *per* + accusatif : *veni per hortum*, je suis venu par le jardin ; dans le second, le complément est à l'ablatif sans préposition (il s'apparente à un complément de moyen) : *Via Appia venit*, il est venu par la Voie Appienne.

On aura remarqué que la préposition *in* peut se construire soit avec l'ablatif, soit avec l'accusatif.

Et puisque nous en sommes à parler des prépositions, précisons qu'elles se construisent presque toutes soit avec l'accusatif, soit avec l'ablatif. Voici les principales.

Se construisent avec l'accusatif : *ad*, vers, près de ; *adversus*, contre ; *ante*, avant, devant ; *apud*, auprès de, chez ; *circa, circiter, circum*, autour de ; *citra*, en deçà de ; *contra*, contre ; *erga*, à l'égard de ; *extra*, en dehors de ; *infra*, au-dessous de ; *inter*, entre *ou* parmi ; *ob*, au-devant de, en vue de, à cause de ; *per*, à travers, par, pendant, à cause de ; *post*, après, derrière ; *prope*, près de ; *praeter*, en avant de, au-delà de, en plus de, excepté ; *propter*, à cause de ; *supra*, au-dessus de ; *trans*, à travers ; *ultra*, au-delà de ; *usque, usque ad*, jusqu'à.

Se construisent avec l'ablatif : *ab* (ou *a* devant certaines consonnes), en partant de, loin de ; *ex* (ou *e* devant une consonne), hors de ; *sine*, sans ; *cum*, avec ; *prae*, devant, en avant, au regard de ; *pro*, devant, pour, à la place de ; *cum*, avec, en compagnie de (s'accole en postposition avec certains pronoms : *cum cane*, avec mon chien, mais *mecum*, *tecum*, *nobiscum*, *vobiscum*, avec moi, avec toi, avec nous, avec vous, etc.).

Se construisent avec l'accusatif ou l'ablatif les prépositions suivantes : *in*, dans, en, sur ; *sub*, sous ; *super*, au-dessus de ; *clam*, à l'insu de.

Per aspera ad astra, « par des (chemins) difficiles on parvient aux astres », dit une maxime latine ; une autre dit, à peu près avec le même sens : *per angusta ad augusta*, « par des (chemins) étroits on parvient aux (lieux augustes =) sommets » ; on aura reconnu le mot de passe des conjurés d'*Hernani*.

Chapitre V

La jolie servante Photis

Nous voici au début du livre II des *Métamorphoses* d'Apulée (125-175 environ), un roman plus connu sous le titre *L'Âne d'or*. Lucius, qui est à la fois le narrateur et le héros, se trouve en Thessalie. Là, il est l'hôte d'un dénommé Milon, dans la maison duquel vit la petite servante Photis. Lucius rentre chez Milon après être allé faire un tour en ville. Personne à la maison, sinon Photis qui, dans la cuisine, « prépare pour ses maîtres un plat de chair à saucisse hachée menu, avec un pâté de viande de conserve tout à fait savoureux, du moins à en croire l'odeur ».

Ipsa linea tunica mundule amicta et russea fasceola praenitente altiuscule sub ipsas papillas succinctula illud cibarium vasculum floridis palmulis rotabat in circulum, et in orbis flexibus crebra succutiens et simul membra sua leniter inlubricans, lumbis sensim vibrantibus, spinam mobilem quatiens placide decenterundabat. Isto aspectu defixus obstupui et mirabundus steti, steterunt et membra quae jacebant ante. Et tandem ad illam : « Quam pulchre quamque festive, » inquam, « Photis mea, ollulam istam cum natibus intorques ! Quam mellitum pulmentum apparas ! Felix et certo beatus cui permiseris illuc digitum intingere ». Tunc illa lepida alioquin et dicacula puella : « Discede », inquit, « miselle, quam procul a meo foculo, discede. Nam si te vel modice meus igniculus afflaverit, ureris intime nec ullus extinguet ardorem tuum nisi ego, quae dulce condiens et ollam et lectulum suave quatere novi ».

Haec dicens, in me respexit et risit. Nec tamen ego prius inde discessi quam diligenter omnem ejus explorassem habitudinem.

Ipsa, *elle-même* ; mundule amicta, *coquettement vêtue* ; linea tunica, *d'une tunique de lin* ; et succintula, *et ceinte* ; fasceola russea, *d'une bandelette rouge* ; praenitente, *brillant avec éclat* ; altiuscule, *un peu en haut* ; sub papillas ipsas, *sous les tétins eux-mêmes* ; rotabat in circulum, *(elle) faisait tourner en cercle* ; illud vasculum cibarium, *ce petit pot à nourriture* ; palmulis floridis, *de (ses) menottes florissantes* ; et succutiens, *et (le) secouant* ; crebra, *à maintes reprises* ; in flexibus orbis, *dans les courbes d'un cercle* (= *tout en le faisant tourner*) ; et simul, *et en même temps* ; inlubricans membra sua leniter, *glissant doucement ses membres dans (le mouvement)* ; lumbis vibrantibus sensim, *ses reins tressaillant insensiblement* ; quatiens placide spinam mobilem, *secouant calmement (son) dos souple* ; undabat decenter, *elle ondoyait comme il convient.*

Isto aspectu, *à cette vue* ; defixus, *cloué au sol* ; obstupui, *je restai interdit* ; et mirabundus, *et plein d'admiration* ; steti, *je me tins debout* ; steterunt et membra, *se tinrent debout aussi des parties (de mon corps)* ; quae jacebant ante, *qui étaient couchées auparavant.*

Et tandem, *et enfin* ; ad illam, *à celle-ci* ; quam pulchre, *combien joliment* ; quamque festive, *et combien agréablement* ; inquam, *dis-je* ; Photis mea, *ma Photis* ; intorques, *tu tournes* ; istam ollulam, *ta petite marmite* ; cum natibus, *en même temps que les fesses.*

Apparas, *tu apprêtes* ; pulmentum, *un fricot* ; quam mellitum, *combien doux.*

Felix, *chanceux* ; et certo beatus, *et assurément bienheureux* ; cui permiseris, *(celui) à qui tu auras permis* ; illuc intingere, *d'y tremper* ; digitum, *le doigt.*

Tunc, *alors* ; illa lepida, *cette charmante* ; alioquin, *au demeurant* ; et dicacula puella, *et mutine jeune fille* ; discede, inquit, miselle, *éloigne-toi, dit-elle, petit malheureux* ; quam procul, *(aussi) loin que (possible)* ; a meo foculo, *de mon petit fourneau* ; discede, *éloigne-toi* ; nam si igniculus, *car si mon petit feu* ; te afflaverit, *t'effleure* ; vel modice, *même un peu* ; ureris intime, *tu seras brûlé au fond de toi* ; nec ullus, *et personne* ; extinguet ardorem tuum, *n'éteindra ton embrasement* ; nisi ego, *si ce n'est moi* ; quae, *qui* ; condiens dulce, *assaisonnant avec douceur* ; novi quatere suave, *sais secouer délicieusement* ; et ollam et lectulum, *et une casserole et une couchette.*

Dicens haec, *disant cela* ; respexit in me, *elle tourna son regard sur moi* ; et risit, *et rit* ; nec tamen ego discessi, *et cependant moi je ne m'éloignai pas* ; prius quam, *avant que* ; explorassem diligenter ; *j'eusse passé en revue avec soin* ; omnem habitudinem, *tout l'extérieur* ; ejus, *d'elle.*

Elle-même, coquettement vêtue d'une tunique de lin, un foulard écarlate lui ceignant la poitrine juste à la hauteur des seins, elle faisait tourner la cassolette de ses mains grassouillettes. Tout en la faisant tourner, elle la secouait vivement et elle accompagnait ce double mouvement de tout son corps : ses reins tressaillaient doucement et, imprimant de légères secousses à son dos souple, elle ondulait de belle façon. Ébahi à cette vue, je restai cloué au sol, dressé là, debout, tout à mon émerveillement, et des parties de mon corps jusque-là inertes se dressèrent également. Enfin, je m'adressai à elle : « Avec quelle grâce, avec quel charme, ma Photis, tu fais tourner ta petite casserole et tes fesses ! » Quel bon plat tu nous mitonnes ! Heureux, bienheureux même celui à qui tu permettras d'y tremper le doigt !

Et la gentille et mutine enfant de me dire : « Sauve-toi, petit malheureux, sauve-toi bien loin de mon petit fourneau ! Car si mon petit feu t'effleure le moins du monde, tu seras brûlé jusqu'au fond de toi, et qui éteindra ton embrasement sinon moi, qui assaisonne agréablement et secoue délicieusement casseroles et couchettes ? »

À ces mots, elle tourna son regard sur moi et se mit à rire. Pour moi, je ne me retirai pas avant d'avoir soigneusement exploré toute sa personne.

Le lecteur mis en appétit par ces émoustillants préparatifs pourra se régaler de la suite du récit des aventures de Lucius et Photis (deux prénoms qui évoquent la lumière, *lux, lucis* en latin et *phos, photis* en grec), dans le livre II de *L'Âne d'or*. Il y trouvera quelques mets agréablement épicés. Cependant, il ne s'arrêtera pas en si bon chemin. Au livre III, il verra comment Lucius, qui voulait être transformé en oiseau, se retrouve métamorphosé en âne. Dès lors, après avoir été enlevé par des brigands,

Lucius voit et nous fait voir le monde par les yeux de l'animal qu'il est devenu.

Un soir, dans une caverne de malfrats, Lucius entend l'histoire d'Éros (l'Amour) et Psychè (l'âme), histoire qu'il nous rapporte à son tour.

Finalement, après être passé de maître en maître, notre héros aux longues oreilles va retrouver sa forme primitive grâce à la déesse Isis qui l'a pris en pitié. Cela se passe au livre XI, le dernier du roman.

Lucius s'est endormi au bord de la mer. Alors que le disque de la lune vient tout juste d'apparaître au-dessus des flots, il se réveille, secoue sa torpeur et va se baigner dans la mer. À l'issue du bain, il s'endort à nouveau, et alors : « élevant au milieu de la mer un visage adorable aux dieux mêmes, surgit l'apparition divine ». Isis a revêtu « une robe en lin très fin, de couleur changeante [...] et un long manteau d'un noir profond dont le sombre éclat rayonne [...], semé d'étoiles scintillantes au milieu desquelles la lune en son plein resplendit de feux vivants ». Après s'être ainsi révélée à Lucius, Isis lui indique comment il pourra redevenir un homme : le lendemain même, au cours de la fête qui doit avoir lieu en l'honneur de la déesse, il lui faudra s'emparer des roses que le prêtre portera dans sa main droite. Et c'est ainsi qu'au terme d'un des plus étonnants romans d'aventure qui soient, Lucius est initié aux mystères d'Isis avant de l'être à ceux d'Osiris.

Revenons à notre texte. On pourrait s'attarder, et ce ne serait pas sans plaisir, à une étude géométrique du passage en suivant les lignes courbes et brisées décrites par les diverses parties du corps de Photis. Mais la grammaire nous appelle à de plus graves considérations. Obéissons-lui sans rechigner ; elle va nous permettre de rester en compagnie de la jeune cuisinière. Dont nous commencerons par considérer les reins. *Lumbis sensim vibrantibus*, lisons-nous aux lignes 5-6. *Lumbis* est l'ablatif pluriel de *lumbus, i*, (m.), reins, dos, échine. *Sensim* est un adverbe, que nous laisserons de côté. Quant à *vibrantibus*, il s'agit de l'ablatif pluriel du participe présent de *vibro, as, are, avi, atum*, imprimer des vibrations ou avoir des vibrations.

Nous sommes ici en présence d'une tournure propre au latin : un nom à l'ablatif, *lumbis*, sujet d'un participe, à l'ablatif également, *vibrantibus*. Le groupe ainsi formé porte le nom d'ablatif absolu. Pourquoi absolu ? Parce que le groupe, la plupart du temps entre virgules, est comme *détaché* (en latin, *absolutus*) du reste de la phrase, le sujet du participe n'étant pas repris comme sujet ou complément d'un autre verbe dans la suite de la phrase. De la même manière, nous disons en français, mais sans ablatif : l'heure étant venue, nous nous séparâmes. L'ablatif absolu est l'équivalent d'une proposition circonstancielle : de temps, de cause, ou d'opposition ; mais parfois sa valeur est plus vague, comme ici, dans notretexte.

Notre passage nous offre par ailleurs une belle moisson de pronoms et d'adjectifs de toute sorte.

Pronoms personnels

On s'en est déjà aperçu, en latin, le pronom personnel sujet n'est, d'ordinaire, pas exprimé : *risit*, elle rit, elle se mit à rire.

En conséquence, un pronom personnel sujet attire l'attention. Ainsi, à la ligne 20-21, *nec tamen ego discessi*, pour moi cependant, je ne m'éloignai pas...

Voici les différentes formes du pronom personnel.

1ère personne

	Singulier	Pluriel
Nominatif	Ego	Nos
Accusatif	Me	Nos
Génitif	Mei	Nostri, nostrum
Datif	Mihi	Nobis
Ablatif	Me	Nobis

2e personne

Singulier	Pluriel
Tu	Vos
Te	Vos
Tui	Vestri, vestrum
Tibi	Vobis
Te	Vobis

Nostrum et *vestrum* sont des formes de génitif partitif ; l'un de nous = *unus nostrum.* En dehors de ce cas, on emploie *nostri* et *vestri.*

3e personne

À la 3e personne, il n'y a de pronom personnel que réfléchi, c'est-à-dire renvoyant au sujet du verbe de la proposition dans laquelle il se trouve (sauf cas particuliers). Pas de nominatif, donc.

Les mêmes formes servent au singulier et au pluriel :

Se
Sui
Sibi
Se

Se cupit imprudens, il se désire lui-même dans son ignorance, écrit Ovide à propos de Narcisse se mirant dans la source dont les eaux seront son tombeau.

C'est le pronom-adjectif *is* (= masculin), *ea* (= féminin), *id* (= neutre), qui tient lieu de pronom personnel de la 3e personne. Pronom-adjectif parce qu'il peut être soit l'un, soit l'autre, *is, ea, id* sert à rappeler une personne ou une chose dont on vient de parler, ou à annoncer quelqu'un ou quelque chose dont on va parler.

Comme pronom, on le traduit par celui-ci, ce dernier, cela ; il, elle, le, la, lui, ils, elles, les, eux, leur.

Singulier	Pluriel
Is, ea, id	Ei (ou ii), eae, ea
Eum, eam, id	Eos, eas, ea
Ejus, ejus, ejus	Eorum, earum, eorum
Ei, ei, ei	Eis (ou iis), eis, eis
Eo, ea, eo	Eis (ou iis), eis, eis

Sur *is, ea, id*, on forme *idem, eadem, idem*, pronom-adjectif signifiant, comme pronom, « le même homme », « la même femme », « la même chose » ; comme adjectif, « le même... », « la même... ».

À l'accusatif, *eumdem, eamdem, idem*, etc.

Pronoms-adjectifs possessifs

Sur les pronoms personnels, on forme les pronoms-adjectifs possessifs : *meus, mea, meum* ; *tuus, tua, tuum* ; *noster, nostra, nostrum* ; *vester, vestra, vestrum.*

À la 3e personne, une seule forme, que le possesseur soit au singulier ou au pluriel : *suus, sua, suum* = son, sa, le sien, leur, le leur, etc.

Comme le pronom personnel *se*, *suus* est réfléchi. Ainsi, dans notre texte, à la ligne 5, dans la proposition *et simul membra sua inlubricans*, *sua* renvoie au sujet de *inlubricans*, à savoir le pronom *ipsa*, elle-même (= Photis), en tête de phrase.

Mais alors, quel est l'équivalent latin de notre adjectif possessif non réfléchi de la 3e personne ? La solution se trouve à la dernière ligne du texte. Eh oui ! vous avez trouvé : c'est *ejus* que l'on traduit ici par « sa ». *Ejus*, cela vous dit quelque chose ? Mais oui, nous venons de le voir. C'est le génitif singulier de *is, ea, id.* Ainsi, comme cela apparaît dans la traduction mot à mot, *ejus habitudinem* signifie l'extérieur, la manière d'être *de celle-ci* = *son* extérieur, *sa* façon d'être.

Notre texte comporte en outre différentes formes appartenant aux trois pronoms-adjectifs suivants : *hic, haec, hoc* ; *iste, ista, istud* ; *ille, illla, illud.*

Hic, haec, hoc est le démonstratif de la 1ère personne : *hic liber*, le livre que je tiens en main, mon livre, ce livre-ci ; *hic venit*, celui-ci (proche de moi qui parle) est venu.

Iste, ista, istud est le démonstratif de la 2e personne. Dans le texte d'Apulée, *ollulam istam* = cette petite marmite qui est entre tes mains (et tes jambes), ta petite marmite. *Iste* a souvent un sens péjoratif. Au tribunal, *iste* sert à désigner l'accusé dans la bouche de l'accusateur : cet homme-là.

Ille, illa, illud est le démonstratif de la 3e personne. Sert à désigner ce qui est éloigné. A souvent un sens emphatique. *Ille orator*, cet illustre orateur. *Ille* a donné à la fois les pronoms il et elle et les articles le, la, les.

Singulier	Pluriel
Hic, haec, hoc	Hi, hae, haec
Hunc, hanc, hoc	Hos, has, haec
Hujus, hujus, hujus	Horum, harum, horum
Huic, huic, huic	His, his, his
Hoc, hac, hoc	His, his, his

L'adverbe *hodie*, ce jour, aujourd'hui, est formé de *ho*, ablatif primitif du démonstatif *hic*, + *die*, ablatif de *dies, diei*, le jour.

À noter que la forme -hui, dans aujourd'hui, est issue de *hodie*, et se décompose ainsi : au-jour-d'-hui = au jour de ce jour ; on dit à présent, par une double redondance :

« au jour d'aujourd'hui »... Ainsi s'enflent les mots et vogue la galère.

Singulier	Pluriel
Iste, ista, istud	Isti, istae, ista
Istum, istam, istud	Istos, istas, ista
Istius, istius, istius	Istorum, istarum, istorum
Isti, isti, isti	Istis, istis, istis
Isto, ista, isto	Istis, istis, istis

Singulier	Pluriel
Ille, illa, illud	Illi, illae, illa
Illum, illam, illud	Illos, illas, illa
Illius, illius, illius	Illorum, illarum, illorum
Illi, illi, illi	Illis, illis, illis
Illo, illa, illo	Illis, illis, illis

À chacun des pronoms-adjectifs *hic, iste, ille, is* et *idem*, correspond une série d'adverbes de lieu.

Pour désigner un lieu où l'on se trouve (question *ubi ?* = où ?) : *Hic*, ici (où je suis) ; *istic*, là (où tu es) ; *illic*, là (où il est) ; *ibi*, là, y ; *ibidem*, au même endroit.

Pour désigner un lieu où l'on va (question *quo ?* = où ?) : *Huc ; istuc ; illuc ; eo ; eodem.*

Pour désigner un lieu d'où l'on vient (question *unde ?* = d'où ?) : *Hinc ; istinc ; illinc ; inde ; indidem.*

Pour désigner un lieu par où l'on passe (question *qua ?* = par où ?) : *Hac ; istac ; illac ; ea ; eadem.*

Hac iter fecit, il a fait route, il est passé par ici.

Hic sunt leones, « ici sont les lions », pouvait-on lire sur les anciennes cartes de géographie, pour désigner des régions inexplorées d'Afrique.

Mentionnons encore *ipse, ipsa, ipsum*, pronom-adjectif servant à marquer une opposition entre une personne et les autres. Se décline comme *iste, ista, istud*, sauf au nominatif et à l'accusatif neutre singulier : *ipsum*, à côté d'*istud*.

On le traduit souvent par moi (toi, soi...)-même : *Augustus ipse dixit*, Auguste soi-même, Auguste en personne l'a dit.

Au début du texte, *ipsa* = elle-même (Photis, que le narrateur a mentionnée auparavant), par opposition à Lucius, simple spectateur.

Pronoms relatifs

Singulier	Pluriel
Qui, quae, quod	Qui, quae, quae
Quem, quam, quod	Quos, quas, quae
Cujus, cujus, cujus	Quorum, quarum, quorum
Cui, cui, cui	Quibus, quibus, quibus
Quo, qua, quo	Quibus, quibus, quibus

Le pronom relatif prend le genre et le nombre de son antécédent mais se met au cas voulu par sa fonction. *Steterunt et membra quae jacebant ante*, se dressèrent aussi les parties qui étaient inertes avant : *quae* = neutre pluriel (comme *membra* pluriel de *membrum, -i*), au nominatif puisque sujet du verbe *jacebant*.

Lorsque la proposition relative est l'équivalent d'une subordonnée de but ou de conséquence, son verbe est au subjonctif. De même en français : « Je cherche un exemple qui *soit* convaincant. »

Pour découvrir tel ou tel malfrat, tous les fins limiers de la terre appliquent l'adage bien connu (et emprunté à *Médée*, une tragédie de Sénèque) : *Cui prodest scelus, is fecit* ; cui prodest scelus, *à qui profite le crime* ; is fecit, *celui-là (l') a fait.*

Notons à ce propos la tendance du latin à placer le pronom relatif avant ce que le français désigne comme l'*antécédent* (= le mot *placé avant*).

Le moment paraît venu d'expliquer la mystérieuse expression *quorum*, désignant, selon le *Petit Larousse* « le nombre de membres qu'une assemblée doit réunir pour pouvoir valablement délibérer. »

Explication de Salomon Reinach, dans sa quatrième lettre à la jeune Cornélie, toujours avide de bonnes choses, nous voulons dire d'explications claires et succinctes : « L'expression dérive d'une vieille formule de l'administration anglaise du moyen-âge, qui parlait encore latin. On désignait, pour faire fonction de juges, un certain nombre d'hommes, *dont* (*quorum*, dont *ou* desquels) tels et tels étaient indispensables pour procéder à de nouvelles enquêtes ; ceux-là – les plus instruits – étaient qualifiés de *quorum judges*, « juges *quorum*. » Ce mot latin passa, en changeant de sens, dans la langue parlementaire anglaise, et de là dans celle de tous les parlements du monde, qui sont nés du parlement anglais. » (*Cornélie ou le latin sans pleurs*, Salomon Reinach, L'Harmattan.)

De hoc satis, assez là-dessus.

Chapitre VI

La goinfrerie de Claude
La maison dorée de Néron

De Suétone, il ne nous reste plus guère qu'un seul ouvrage, intitulé *De Vita Caesarum* et connu en français sous le titre *Vie des douze Césars.* Il en résulte que, bien souvent, cet auteur est rangé parmi les historiens. Or Suétone fut en son temps un polygraphe. Il écrivit entre autres deux livres sur les jeux publics des Romains, un traité sur les *Courtisanes célèbres*, un autre sur le *Costume des Romains*, un *De viris illustribus.* Que d'intéressantes lectures hélas sans doute perdues à jamais !

De sa vie nous ne savons pas grand-chose. Issu d'une grande famille de la noblesse romaine (naissance aux alentours de 70 *post Christum*) il fut l'ami de Pline-le-Jeune, écrivain et sénateur proche de l'empereur Trajan.

C'est grâce à Septicius Clarus, un ami de Pline, que Suétone obtint le poste de secrétaire d'État au palais de l'empereur : il fut dès lors chargé de toute la correspondance impériale, responsabilité qui lui ouvrit toutes grandes les archives de l'Empire dans lesquelles il ne manqua pas de puiser pour composer les douze biographies de César et de ses successeurs : Auguste, Tibère, Caligula, Claude, Néron, Galba, Othon, Vitellius, Vespasien, Titus et Domitien (*Autica-cloné-galbovi-vestido* : facile à retenir !)

Frappé de disgrâce en 122, officiellement pour n'avoir pas montré assez de déférence à l'égard de l'épouse de l'empereur Hadrien, Suétone disparaît de la circulation et l'on ignore à quelle date il alla rejoindre les mânes familiaux.

Les deux textes qui suivent sont tirés le premier du Livre V des *Vies*, consacré à Claude, le second du Livre VI, consacré à Néron.

Cibi vinique quocumque et tempore et loco appetentissimus, cognoscens quondam in Augusti foro ictusque nidore prandii quod in proxima Martis aede Saliis apparabatur, deserto tribunali ascendit ad sacerdotes unaque decubuit. Nec temere umquam triclinio abscessit nisi distentus ac madens, et ut statim supino ac per somnum hianti pinna in os inderetur ad exonerandum stomachum. Somni brevissimi erat [...]. Libidinis in feminas profusissimae, marum omnino expers. Aleam studiosissime lusit, de cujus arte librum quoque emisit, solitus etiam in gestatione ludere, ita essedo alveoque adaptatis, ne lusus confunderetur.

Appetentissimus, *très avide* ; cibi vinique, *de nourriture et de vin* ; quocumque et tempore et loco, *dans quelque et temps et lieu (que ce soit)* ; quondam cognoscens, *un jour instruisant (une affaire)* ; in foro Augusti, *dans le forum d'Auguste* ; ictusque, *et frappé* ;

nidore prandii, *par l'odeur d'un repas* ; quod apparabatur, *qui était préparé* ; Saliis, *pour les Saliens* (les Saliens étaient des prêtres chargés du culte de Mars et Quirinus ; on rapproche leur nom du verbe *salire*, « sauter, danser » : les Saliens se livraient en effet à des danses au cours desquelles ils exhibaient les boucliers sacrés, répliques de celui qui, au temps du roi Numa, était tombé du ciel pour indiquer l'emplacement de l'empire romain) ; in proxima aede Martis, *dans le tout proche temple de Mars* ; tribunali deserto, *le tribunal ayant été laissé (par lui)* ; ascendit ad sacerdotes, *il monta chez les prêtres* ; unaque decubuit, *et avec eux se mit à table* ; nec umquam temere abscessit, *et jamais d'aventure il ne sortit* ; triclinio, *de la salle à manger* ; nisi distentus, *si ce n'est gonflé* ; ac madens, *et imbibé* ; et ut statim, *et au point qu'aussitôt* ; pinna in os inderetur, *une plume dans la bouche était introduite* ; supino et hianti, *(à lui) couché sur le dos et ayant la bouche ouverte* ; per somnum, *pendant (son) sommeil* ; ad exonerandum stomachum, *pour décharger (son) estomac.*

Erat, *il était* ; somni brevissimi, *d'un sommeil très bref.*

Libidinis profusissimae, *(il était) d'un désir tout à fait sans frein* ; in feminas, *pour les femmes* ; omnino expers marum, *tout à fait sans relations avec les mâles.*

Lusit aleam studiosissime, *il joua au jeu de dés tout à fait passionnément* ; de arte, *à propos de l'art* ; cujus, *duquel* ; emisit quoque librum, *il publia aussi un livre* ; solitus etiam, *ayant l'habitude même* ; ludere in gestatione, *de jouer au cours de la promenade en voiture* ; essedo alvcoque adaptatis ita, *sa voiture et sa table de jeu ayant été adaptées de telle sorte* ; ne lusus confunderetur, *que son jeu ne fût pas mis en désordre.*

Toujours avide de manger et de boire, à toute heure et en tout lieu, un jour qu'il rendait la justice dans le forum d'Auguste, il fut tout remué par le fumet d'un repas que l'on préparait pour les Saliens, juste à côté, dans le temple de Mars. Quittant alors le tribunal, il monta chez les prêtres et se mit à table avec eux.

Jamais il ne sortit de table autrement que gorgé de nourriture et de vin ; aussi, dès qu'il était endormi, bouche ouverte, sur le dos, on lui introduisait une plume dans le gosier pour décharger son estomac.

Il dormait très peu.

Il éprouvait pour les femmes un désir absolument sans frein, mais s'abstint de toute relation avec des hommes.

Il mettait toute sa passion à jouer aux dés, au point même qu'il publia un livre sur ce jeu ; il avait l'habitude de jouer même dans sa voiture, aussi la fit-il aménager, ainsi que sa table à dés, de façon que rien ne dérangeât son jeu.

La construction de la Maison dorée, que Suétone va maintenant nous faire découvrir, suivit de peu le fameux incendie qui détruisit une partie de Rome en juillet 64. On sait que les mauvaises langues de l'époque mirent en cause Néron. Suétone est du nombre : *Quasi offensus deformitate veterum aedificiorum et angustiis flexurisque vicorum incendit urbem...*, « sous prétexte qu'il était choqué par la laideur des vieux monuments et par l'étroitesse et la sinuosité des ruelles, il incendia la ville... » (chapitre 38). On ne saurait être plus explicite. Le même Suétone, un peu plus loin, décrit Néron contemplant l'incendie du haut d'une tour depuis les jardins de l'Esquilin : mis en joie par la beauté des flammes, l'empereur déclame, dans son costume de théâtre, les vers d'un poème qu'il a écrit sur la prise de Troie.

Tacite, historien quasi contemporain de Suétone, est, quant à lui, plus réservé : on ne sait, écrit-il au Livre XV de ses *Annales*, si l'incendie fut le fait du hasard ou de la fourberie du prince.

Quoi qu'il en soit, comme l'incendie avait détruit le palais qu'il habitait jusque-là, que d'autre part les flammes – secondées, dit Suétone, par des machines de guerre – avaient opportunément fait disparaître des magasins à blé qui s'élevaient sur des terrains qu'il convoitait, Néron fit construire la maison que voici :

Vestibulum ejus fuit, in quo colossus CXX pedum staret ipsius effigie ; tanta laxitas, ut porticus triplices miliarias haberet ; item stagnum maris instar, circumsaeptum aedificiis ad urbium speciem ; rura insuper arvis atque vinetis et pascuis silvisque varia, cum multitudine omnis generis pecudum ac ferarum. In ceteris partibus cuncta auro lita, distincta gemmis unionumque conchis erant ; cenationes laquetae tabulis eburneis versatilibus, ut flores, fistulatis, ut unguenta desuper spargerentur ; praecipua cenationum rotunda, quae perpetuo diebus ac noctibus vice mundi circumageretur ; balinae marinis et Albulis fluentes aquis.

Vestibulum ejus, *le vestibule de celle-ci* (= *de la Maison dorée*) ; fuit, *fut* ; in quo (*quo*, pronom relatif, introduit ici une subordonnée relative dont le verbe est au subjonctif ; la proposition a donc une valeur circonstancielle, ici de conséquence), *tel que dans lui* ; colossus

CXX pedum, *une statue colossale de cent vingt pieds*; effigie ipsius, *à l'effigie de lui-même* (= *Néron*) ; staret, *se dressait*; tanta laxitas, *si grande (était son) immensité*; ut porticus haberet triplices, *qu'elle avait des portiques triples (= à trois rangs de colonnes)*; miliarias, *longs de mille pas*; item stagnum, *et en outre une étendue d'eau*; instar maris, *semblable à la mer*; circumsaeptum aedificiis, *entourée d'édifices*; ad speciem urbium, *à l'aspect de villes*; insuper rura, *en outre des campagnes*; varia, *variées ;* arvis atque vinetis, *grâce à des champs et des vignes*; et pascuis silvisque, *et des pâturages et des forêts*; cum multitudine, *avec un grand nombre*; pecudum et ferarum, *de bétail et de bêtes sauvages*; omnis generis, *de toute sorte.*

In ceteris partibus, *dans les autres parties*; cuncta erant lita auro, *toutes choses étaient couvertes d'or*; distincta gemmis, *nuancées de pierres précieuses*; unionumque conchis, *et de coquillages* (concha, ae, f.) *à perles* (unio, onis, f.) ; cenationes laqueatae, *les salles à manger (étaient) couvertes de plafonds*; taburnis eburneis versatilibus, *(faits de) tablettes d'ivoire mobiles*; ut flores, *de façon que des fleurs*; ut unguenta, *ainsi que des parfums*; spargerentur desuper, *soient répandus d'en haut*; fistulatis, *par des tuyaux*; praecipua cenationum, *la principale des salles à manger*; rotunda, *(était) ronde*; quae (pronom relatif suivi d'un verbe au subjonctif introduisant une subordonnée à valeur consécutive) circumageretur, *de sorte qu'elle tournait*; perpetuo, *continuellement*; diebus ac noctibus, *jours et nuits*; vice mundi, *comme le monde*; balineae, *les bains*; fluentes, *coulant*; aquis marinis et Albulis, *en eau de mer et d'Albula.*

Il y avait un vestibule si grand que s'y dressait une statue colossale à son effigie, haute de cent vingt pieds. Si grande était la maison qu'elle comportait des portiques à triple rang de colonnes, longs de mille pas ; il y avait aussi une étendue d'eau semblable à une mer, entourée de maisons formant comme des villes. Et des campagnes où alternaient champs labourés, vignobles, pâturages et forêts et abritant une multitude d'animaux domestiques et sauvages de toute sorte. Dans les autres parties de l'édifice, tout était couvert d'or rehaussé de pierres précieuses et de coquillages à perles. Aux plafonds des salles à manger, on avait mis des panneaux d'ivoire qu'on pouvait retirer pour laisser se répandre d'en haut des fleurs ou des parfums amenés par tuyaux. La plus importante de ces salles était ronde et, à l'image de l'univers, tournait continuellement, nuit et jour, sur elle-même. L'eau de mer et les eaux d'Albula coulaient dans les bains.

Les ruines de la Maison dorée, qui occupait au total cinquante hectares, sont encore visibles aujourd'hui, dans le parc de Trajan, au pied de l'Esquilin, à quelques pas du Colisée. Ce dernier tire d'ailleurs son nom de la statue de Néron en colosse qui ornait, on l'a vu, le vestibule de la demeure. Celle-ci fut... la proie des flammes en 104 et ses restes furent recouverts sur ordre de l'empereur Trajan. On peut penser que la statue colossale – dont il ne subsiste aujourd'hui qu'un pied – est restée, elle, longtemps en l'état, et qu'elle avait fini par donner son nom à l'endroit où elle se dressait. De là, le nom serait passé à l'amphithéâtre tout proche : un nom qui lui convenait d'autant mieux que les dimensions du Colisée sont particulièrement colossales...

Ces considérations sur la démesure de Néron nous ramènent tout naturellement à celle de Claude.

Appetentissimus, brevissimi, profusissimae, studiosissime : quand il s'agit d'évoquer l'empereur Claude, les superlatifs fleurissent sous la plume de Suétone comme les coquelicots dans un champ de blé. Tant il est vrai que Claude fut en excès ce qu'il était. Aubaine pour le grammairien passionné qui sommeille en chacun de nous : nous allons pouvoir parler du superlatif ! Et, comme un bonheur n'arrive jamais seul, nous parlerons dans la foulée du comparatif.

Il existe deux formes renforcées de l'adjectif :

– une forme en *-issimus, -issima, -issimum* (ou, pour certains adjectifs, en *-illimus, a, um*, pour d'autres en *-errimus, a, um*) qui donne à l'adjectif le sens d'un superlatif de supériorité : *brevissimus, a, um*, superlatif de *brevis, is, e*, signifie « très bref » (= superlatif absolu) ou, avec un complément, « le plus bref » (= superlatif relatif) ;

– une forme en *-ior, -ior, -ius* qui donne à l'adjectif le sens d'un comparatif de supériorité : *Latina lingua facilior est quam putas*, la langue latine est plus facile que tu ne penses.

Quand elle n'est pas suivie d'un complément, la forme en *-ior, -ior, -ius*, n'a souvent plus le sens d'un comparatif et renforce seulement le sens de l'adjectif : *Voluptas mihi brevior fuit*, (le plaisir à moi =) mon plaisir fut assez bref *ou* trop bref.

Le superlatif de supériorité se forme donc d'ordinaire en substituant *-issimus, a, um* à la terminaison *i* ou *is* du génitif masculin singulier. *Doctus, a, um* (savant), génitif masculin singulier doct- *i*, d'où superlatif doct- *issimus, a, um.*

Les adjectifs en *-er*, de la 1ère et 2e classe, ont, quant à eux, un superlatif en *-errimus, a, um* : *pulcher, pulchra, pulchrum* (beau), fait au superlatif *pulcherrimus, a, um* ; *celer, celeris, celere* (rapide) fait *celerrimus, a, um.*

Les adjectifs en *-dicus, -ficus, -volus* ont un superlatif en *-dicentissimus, -ficentissimus, -volentissimus. Benevolus* (bienveillant), fait *benevolentissimus.*

Six adjectifs en *-ilis* ont leur superlatif en *-illimus, a, um* : *facilis, difficilis, gracilis* (grêle), *humilis* (humble), *similis* (semblable), *dissimilis* (différent) : *facillimus, simillimus*, etc.

Pour le complément du superlatif, trois possibilités : génitif pluriel, *ex* (ou *e*) + ablatif, *inter* + accusatif. On dira donc : *altissima arborum, ex arboribus, inter arbores*, le plus élevé des arbres (*arbor* est du féminin).

Le comparatif de supériorité se forme en substituant *-ior, -ior, -ius* à la terminaison *i* ou *is* du génitif masculin singulier. *Doctus, a, um*, fait *doctior, doctior, doctius*, qui se décline comme *vetus, veteris* (ablatif singulier en *e*, nominatif, vocatif et accusatif pluriel en *a* et génitif pluriel en *um*).

Quelques adjectifs ont des formes de comparatif et de superlatif irrégulières en apparence. Ce sont entre autres :

bonus, a, um (bon), qui fait *melior, melior, melius* au comparatif et *optimus, a, um*, au superlatif ; *malus, a, um* (mauvais), qui fait *pejor, pejor, pejus* et *pessimus, a, um* ; *magnus, a, um* (grand), qui fait *major, major, majus* et *maximus, a, um* ; *parvus, a, um* (petit), qui fait *minor, minor, minus* et *minimus, a, um* ; *multi, ae, a* (nombreux), qui fait *plures, plures, plura* (génitif *plurium*) et *plurimi, ae, a* ; *propinquus, a, um* (proche), qui fait *propior, propior, propius* et *proximus, a, um.*

Le complément du comparatif (nom, pronom, proposition, etc.) est introduit par la conjonction *quam* : *Divitior est quam Croesus*, il est plus riche que Crésus.

Cependant, quand le comparatif est au nominatif ou à l'accusatif, son complément peut-être un nom (ou un pronom) à l'ablatif. Parlant de l'incendie de Rome, Tacite écrit (*Annales*, livre XV, chapitre 38) : *Sequitur clades [...] omnibus quae huic urbi per violentiam ignium acciderunt gravior atque atrocior.*

Sequitur clades, *s'ensuit un désastre* ; gravior atque atrocior, *plus grave et plus épouvantable* ; omnibus quae acciderunt huic urbi, *que tous ceux qui arrivèrent à cette ville* (*omnibus*, voilà notre complément à l'ablatif !) ; per violentiam ignium, *du fait de la violence des feux.*

Reste à dire un mot du comparatif et du superlatif des adverbes.

Ordinairement, pour le comparatif de l'adverbe, on se sert du comparatif de l'adjectif à l'accusatif neutre singulier : *gravius*, plus gravement.

Le superlatif de l'adverbe est en général formé sur le superlatif de l'adjectif, avec la terminaison *e* : *Aleam studiosissime lusit*, il joua aux jeux de dés tout à fait passionnément (*studiosissime* est formé sur *studiosissimus, a, um*, superlatif de *studiosus, a, um*).

Et maintenant, retour à la conjugaison ! Il nous reste encore un gros morceau, que nous allons attaquer sans plus tarder : les 2e, 3e et 4e conjugaisons – sans parler de la 3e dite « mixte » !

La 2e conjugaison a pour modèle un verbe signifiant « avertir » : *moneo, es, ere, monui, monitum.*

Le thème du présent est en *e* : comme il s'agit d'un *e* long, il va, nous le verrons, se maintenir à tous les temps de l'*infectum.*

La 3e conjugaison a pour modèle un verbe signifiant « lire » : *lego, is, ere, legi, lectum.* Elle a originellement un thème du présent en *o* alternant avec *e.* Mais le *o* ne subsiste jamais tel quel, par suite d'évolutions phonétiques, et aboutit en principe à *u* : ainsi, à la 3e personne du pluriel du présent de l'indicatif, *legunt* vient de *leg-o-nt* ; quant au *e*, il s'agit d'un *e* bref, qui ne se maintient que devant un *r* ; dans les autres cas, soit il disparaît, soit il aboutit à *i.*

La 4e conjugaison a pour modèle un verbe signifiant « entendre » : *audio, is, ire, audivi, auditum.* Le thème du présent est en *i.* Il s'agit d'un *i* long, que l'on retrouve par exemple à l'infinitif présent. À la 3e personne du pluriel du présent de l'indicatif, la forme *audi-unt* résulte de l'influence des verbes du type *lego* : on attendrait *audi-nt.*

Le parfait des verbes de la 2e conjugaison est le plus souvent en *-evi* ou en *-ui* : *impleo* par exemple fait *implevi* et *moneo* fait *monui.* Mais *video* fait *vidi.*

Le parfait des verbes de la 3e conjugaison offre une

assez grande diversité : *lego* fait *legi* ; *ago* fait *egi* ; *spargo* fait *sparsi* ; *vinco* fait *vici*, etc. L'usage apprend à connaître ces formes.

Quant au parfait des verbes de la 4e conjugaison, il est le plus souvent en *-ivi*, comme pour *audio* qui fait *audivi.*

INDICATIF

Présent

Moneo	Lego	Audio
Mones	Legis	Audis
Monet	Legit	Audit
Monemus	Legimus	Audimus
Monetis	Legitis	Auditis
Monent	Legunt	Audiunt

Imparfait

Monebam	Legebam, etc.	Audiebam, etc.
Monebas		
Monebat		
Monebamus		
Monebatis		
Monebant		

Futur

Attention ! Suffixes *bo/bi/bu* pour les verbes du type *moneo* (2e conjugaison) mais les verbes du type *lego* et *audio* ont repris pour le futur les formes d'un ancien subjonctif en *e* (à la 1ère personne du singulier la forme en *am* est empruntée, elle, au subjonctif présent en *a*).

Monebo	Legam	Audiam
Monebis	Leges	Audies
Monebit	Leget	Audiet
Monebimus	Legemus	Audiemus
Monebitis	Legetis	Audietis
Monebunt	Legent	Audient

Parfait

Aucune difficulté pour les temps du *perfectum* : les désinences, qu'on ajoute au thème du parfait, sont les mêmes pour toutes les conjugaisons. (Voir *amo*)

Monui, monuisti, etc.
Legi, legisti, etc.
Audivi, audivisti, etc.

Plus-que-parfait

Monueram, legeras, audiverat, etc.

Futur antérieur

Monuero, legeris, audiverit, etc.

Subjonctif

Présent

La voyelle *a* triomphe à toutes les personnes !

Moneam	Legam	Audiam
Moneas	Legas	Audias
Moneat	Legat	Audiat
Moneamus	Legamus	Audiamus
Moneatis	Legatis	Audiatis
Moneant	Legant	Audiant

Imparfait

On applique le « truc » indiqué au chapitre III : *-m, -s, -t, -mus, -tis, -nt* qu'on ajoute à l'infinitif présent : Monerem, legeres, audiret, etc.

Parfait

Identique au futur antérieur, sauf à la 1ère personne : Monuerim, legeris, audiverit, etc.

Plus-que-parfait

Même « truc » que pour *amo* : on ajoute les désinences personnelles à l'infinitif parfait (en *-isse*) : Monuissem, legisses, audivisset, etc.

IMPÉRATIF

Présent

Mone	Lege	Audi
Monete	Legite	Audite

Signalons que *dico* (dire), *duco* (conduire), *facio* (faire) et *fero* (porter) perdent le *e* à la 2e personne du singulier : Dic, duc, fac, fer.

Futur

Moneto	Legito	Audito
Monetote	Legitote	Auditote
Monento	Legunto	Audiunto

Supin

Pas de règle de formation. Pour mémoire : Monitum ; lectum ; auditum, etc.

Participe présent

Nominatif (aux trois genres) : Monens ; legens ; audiens.

Génitif (aux trois genres) : Monentis ; legentis ; audientis.

Toutes ces formes se déclinent comme amans, amantis.

Participe parfait (passif)

Comme on l'a dit pour *amo*, on le forme, pratiquement, en substituant *-tus, -ta, -tum*, au *-tum* du supin. On obtient ainsi ume forme que l'on décline comme *bonus, a, um.* Pour mémoire : Monitus, a, um ; lectus, a, um ; auditus, a, um, etc.

Participe futur actif

On ajoute *-urus, -ura, -urum* au radical du participe passé.

Monit-urus, a, um ; lect-urus, a, um ; audit-urus, a, um.

Nous verrons au chapitre VII que quelques participes futurs sont construits sur le thème du présent.

Adjectif verbal

Suffixe *-ndus, a, um,* ajouté au thème du présent :

Mone-ndus, a, um ; leg-e-ndus, a, um ; audi-e-ndus, a, um.

Infinitif

Présent	Parfait	Futur
Monere	Monuisse	Moniturum esse
Legere	Legisse	Lecturum esse
Audire	Audivisse	Auditurum esse

Il existe une 3ᵉ conjugaison dite mixte parce qu'elle a des points communs avec la troisième et la quatrième.

Elle regroupe une petite vingtaine de verbes qui se conjuguent le plus souvent comme *lego* mais ajoutent un *i* à certaines formes, dès lors semblables à celles de la 4e conjugaison.

Le modèle en est un verbe signifiant « prendre » : *capio* (notez le *i* précédant le *o* !), *capis, capere, cepi, captum.*

Indicatif présent : Capio, capis, capit, capimus, capitis, capiunt. – Imparfait : Capiebam, iebas, etc. – Futur : Capiam, ies, etc. – Parfait : Cepi, isti, etc. – Plus-que-parfait : Ceperam, eras, etc. – Futur antérieur : Cepero, eris, etc.

Subjonctif présent : Capiam, ias, etc. – Imparfait : Caperem, es, etc. – Parfait : Ceperim, ceperis, etc. – Plus-que-parfait : Cepissem, isses, etc.

Impératif présent : Cape, capite. – Futur : Capito, capitote, capiunto.

Infinitif présent : Capere.

Participe présent : Capiens, capientis.

Participe futur passif ou adjectif verbal : Capiendus, a, um.

Pour clore le chapitre, retour à Suétone qui attribue cette maxime à Auguste : *Festina lente*, hâte-toi lentement !

Chapitre VII

Contre Catilina

Rome, automne 83 (*ante Christum*). Le 28 octobre, Catilina a échoué dans sa quatrième tentative pour être élu consul.

Rarement lutte électorale aura été plus violente. En même temps que Catilina, trois autres candidats se sont présentés : Servius Sulpicius, Licinius Murena et Junius Silanus. Tous, sauf, semble-t-il, Sulpicius, ont distribué l'argent à pleines mains. Cicéron, alors consul en exercice, a eu beau faire voter une loi contre la brigue, autrement dit contre les malversations et la corruption préélectorales (*lex Tullia de ambitu*, loi qui interdit aux candidats d'offrir des fêtes et des festins au peuple ou de distribuer de l'or aux plus pauvres), cela n'a pas eu beaucoup d'effet, et Catilina ne s'est guère soucié de cacher ses menées.

Quoique issu d'une vieille famille noble, Catilina a présenté un programme inquiétant pour les conservateurs, préconisant l'abolition des dettes et une plus juste répartition des biens. S'appuyant sur les plus pauvres, et lui-même passablement désargenté, il a proclamé que « les misérables ne peuvent être défendus que par l'un des leurs », que « jamais un riche n'améliorera le sort des malheureux ».

Élu grâce aux voix des conservateurs, Cicéron ne peut pas ne pas s'opposer à Catilina. Celui-ci entretient une petite troupe d'hommes de main, point trop recommandables. Cicéron veut y voir une menace pour la sécurité de l'État. La veille du jour fixé pour les élections consulaires, il convoque le sénat et demande que l'élection soit retardée afin que l'on puisse délibérer du cas Catilina. Il fait par ailleurs voter un *senatus consultum ultimum*, une « ultime décision du sénat », qui, dans les situations les plus graves, autorise les consuls à recourir à la force *ne quid detrimenti res publica capiat*, « afin que la république ne subisse aucun dommage ».

Battu, donc, aux élections, Catilina décide d'avoir recours à la force pour s'emparer du pouvoir. Avec ses sbires, il projette de marcher sur Rome, de massacrer les consuls et de procéder à l'expropriation des plus riches. Cicéron a vent de ces projets par l'intermédiaire d'une certaine Fulvia, maîtresse d'un ami et confident de Catilina. Dès lors, le 8 novembre, il convoque le sénat en séance extraordinaire et, parvenu à la tribune, commence ainsi :

Quousque tandem abutere, Catilina, patientia nostra ? Quamdiu etiam furor iste tuus nos eludet ? Quem ad finem sese effreneta jactabit audacia ? Nihilne te nocturnum praesidium Palatii, nihil urbis vigiliae, nihil timor populi, nihil concursus bonorum omnium, nihil hic munitissimus habendi senatus locus, nihil horum ora vultusque moverunt ? Patere tua consilia non sentis, constrictam jam horum omnium conscientia teneri conjurationem tuam non vides ? Quid proxima, quid superiore nocte egeris, ubi fueris, quos convocaveris, quid consilii ceperis, quem nostrum ignorare arbitraris ? O tempora ! O mores ! senatus haec intellegit, consul videt ; hic tamen vivit. Vivit ? immo vero etiam in senatum venit, fit publici consilii particeps, notat et designat oculis ad caedem unumquemque nostrum. Nos autem, fortes viri, satis facere rei publicae videmur, si istius furorem ac tela vitamus. Ad mortem te, Catilina, duci jussu consulis jampridem oportebat, in te conferri pestem, quam tu in nos omnes jamdiu machinaris. An vero vir amplissimus, P. Scipio, pontifex maximus, Tib. Gracchum mediocriter labefactantem statum rei publicae privatus interfecit, Catilinam orbem terrae caede atque incendiis vastare cupientem nos consules perferemus ?

Quousque tandem Catilina, *jusqu'où enfin, Catilina* ; abutere patientia nostra, *abuseras-tu de notre patience* ; quamdiu etiam iste tuus furor, *combien de temps encore cette tienne fureur* ; nos eludet, *se jouera-t-elle de nous* ; quem ad finem, *à quelle extrémité* ; effrenata audacia, (*ton*) *audace sans frein* ; sese jactabit, *se jettera.*

Nihilne, *est-ce qu'en rien* ; praesidium nocturnum Palatii, *la garnison nocturne du Palatin* (dominant le Forum, le mont Palatin était un des points stratégiques de Rome ; on y établissait des troupes dans les périodes de trouble) ; nihil vigiliae urbis, *en rien les sentinelles de la ville* (dans les derniers jours d'octobre, le sénat avait décrété des rondes de nuit, mesure qui devait donner à la ville un aspect peu ordinaire ; de là la frayeur du peuple évoquée ensuite) ; nihil timor populi, *en rien la frayeur du peuple* ; nihil concursus omnium bonorum, *en rien le rassemblement de tous les gens de bien* (les *boni*, gens de bien, appelés également *optimates*, sont les membres du parti aristocratique que Cicéron rêve de fonder : ils s'opposent aux *populares*, tenants du parti démocratique menés par César et Crassus) ; nihil hic locus munitissimus, *en rien ce lieu très fortifié* ; senatus habendi, *du sénat destiné à y être réuni = choisi pour une séance du sénat* (le sénat se réunissait d'ordinaire dans la *Curia Hostilia*, édifice qui s'élevait sur le Forum, ou dans un des temples de ce même Forum ou du Capitole ; cette fois, Cicéron l'avait convoqué dans le temple de Jupiter Stator, dont le surnom signifie « qui arrête la déroute » : c'était clairement laisser entendre que la situation était grave ; le discours se termine d'ailleurs par une prière à Jupiter Stator pour qu'il protège des coups de Catilina et de ses complices « son temple et tous les autres temples, nos maisons et nos remparts, la vie et les biens de tous les citoyens... ») ; nihil ora vultusque horum, *en rien les visages et l'expression des hommes que voici* ; moverunt te, *(ne) t'ont ébranlé* ?

Non sentis tua consilia, *n'aperçois-tu pas tes desseins* ; patere, *être révélés* ; non vides conjurationem tuam, *ne vois-tu pas ta conjuration* ; jam teneri constrictam, *déjà être tenue enchaînée* ; conscientia omnium horum, *par la connaissance de tous les gens que voici.*

Arbitraris, *tu penses* ; quem nostrum ignorare, *qui de nous ignorer = qui de nous ignore* ; quid egeris, *ce que tu as fait* ; proxima (nocte), *la nuit dernière* ; quid superiore nocte, *ce que (tu as fait) la nuit précédente* ; ubi fueris, *où tu as été* ; quos convocaveris, *quels (hommes) tu as convoqués* ; quid consilii ceperis, *quel type de décision tu as pris* ;

Ô tempora, ô mores ! *ô temps, ô mœurs* !

Senatus haec intellegit, *le sénat comprend ces choses* ; consul videt, *le consul (les) voit* ; hic tamen vivit, *celui-ci cependant vit* ; vivit ? *il vit* ? immo vero, *bien plus* ; venit etiam in senatum, *il vient même au sénat* (en tant qu'ancien préteur, Catilina avait le droit de siéger au sénat) ; fit particeps publici consilii, *il devient participant du conseil public* ; notat et designat oculis, *il marque d'un signe et désigne des yeux* ; ad caedem, *en vue du meurtre* ; unumquemque nostrum, *chacun de nous.*

Nos autem, viri fortes, *quant à nous, hommes courageux* ; videmur, *nous paraissons (à nous-mêmes)* ; satis facere reipublicae, *faire assez pour l'État* ; si vitamus furorem ac tela istius, *si nous évitons sa fureur et ses armes.*

Ad mortem, *à la mort* ; oportebat, *il fallait = il aurait fallu* ; te, Catilina, duci, *toi, Catilina, être conduit = que tu sois conduit, Catilina* ; jampridem, *depuis longtemps* ; consulis jussu, *sur ordre du consul* ; pestem conferri in te, *(il aurait fallu) cette destruction être reportée sur toi = que soit reportée sur toi la destruction* ; quam tu jamdiu machinaris, *que toi depuis longtemps tu machines* ; in nos omnes, *contre nous tous.*

An vero, *est-ce que donc* ; vir amplissimus, *un très grand homme* ; P. Scipio, pontifex maximus, *Publius Scipion, grand pontife* ; privatus interfecit Tib. Gracchum, *à titre privé a tué Tibérius Gracchus* (les prérogatives du grand pontife étaient d'ordre religieux : il contrôlait le sacerdoce mais n'avait pas de pouvoir politique ; en 133,

P. Scipion prit la tête du parti aristocratique hostile à la réforme agraire de Tibérius Gracchus ; il suscita une émeute au cours de laquelle T. Gracchus fut tué) ; labefactantem mediocriter, *ébranlant moyennement* ; statum rei publicae, *l'état des affaires publiques* ; nos consules perferemus, *(et est-ce que) nous, consuls, nous supporterons jusqu'au bout* ; Catilinam cupientem vastare, *Catilina désirant dévaster* ; orbem terrae, *le globe de la terre* ; caede et incendiis, *par le meurtre et les incendies.*

Mais enfin, Catilina, jusqu'où abuseras-tu de notre patience ? Combien de temps encore la fureur qui te possède se jouera-t-elle de nous ? À quelle extrémité se jettera ton audace effrénée ?

Rien donc, rien ! ni la garnison postée la nuit sur le Palatin, ni les rondes dans la ville, ni l'effroi qui s'est emparé du peuple, ni le rassemblement de tous les gens de bien, ni cette enceinte fortifiée abritant le sénat, ni l'expression des visages que voici, rien ne t'a fait la moindre impression ? Tes desseins sont découverts, tu ne t'en aperçois pas ? Ta conjuration est déjà tenue enchaînée par la connaissance qu'en ont tous ceux qui sont ici, tu ne le vois pas ?

Qui d'entre nous, crois-tu, ignore ce que tu as fait la nuit dernière et la nuit précédente aussi, où tu as été, quels individus tu as rassemblés, quelle décision tu as prise ?

Ô temps ! Ô mœurs ! Le sénat comprend cela, le consul le voit, et pourtant cet homme est en vie. En vie ? Bien mieux même : il vient au sénat et prend part aux délibérations, pointant et désignant du regard chacun de ceux qu'il destine à la mort ! Et nous, courageux comme nous sommes, nous croyons en faire assez pour l'État si nous échappons à la fureur de ses armes. Mais il y a beau temps, Catilina, qu'un ordre du consul aurait dû te conduire à la mort, retournant contre toi le fléau que tu trames depuis longtemps contre nous tous !

L'immense Publius Scipion, étant grand pontife, aura fait exécuter, à titre privé, un Tibérius Gracchus qui ne compromettait guère la stabilité de l'État et nous, consuls, nous continuerons de supporter un Catilina qui veut mettre la terre entière à feu et à sang ?

Ainsi débute le premier des quatre discours (les *Catilinaires*) que Cicéron prononça contre Catilina.

On aura remarqué avec quelle science des effets Cicéron attaque *ex abrupto*, brusquement et presque brutalement, les circonstances se chargeant elles-mêmes de fournir l'introduction, le spectacle qu'offre la Ville signalant assez la gravité de la situation.

Tout le reste du discours est de la même eau : une formidable charge contre un ennemi d'autant plus redoutable qu'il est loin de faire l'unanimité contre lui ! Et c'est bien là le problème de Cicéron. Tout consul qu'il est, et revêtu, par-dessus le marché, des pouvoirs spéciaux que lui a accordés le sénat, Cicéron ne peut rien contre Catilina, citoyen romain protégé par la loi : seule une décision du peuple et l'accord du sénat pourraient le condamner à la mort ou à l'exil. Il faut donc noircir Catilina au maximum de façon à détourner de lui ceux qui le soutiennent encore, en même temps qu'il faut le pousser à partir.

Tel est le double but poursuivi par notre orateur, et l'on mesure ce qu'il y a de paradoxal à laisser partir quelqu'un que l'on décrit comme un des plus grands criminels que la terre ait portés. Paradoxe parfaitement exposé par Cicéron lui-même à la fin de son discours :

– Si la patrie, qui m'est bien plus chère que la vie, si l'Italie entière, si toute la république m'adressaient la parole et me disaient : « Marcus Tullius, que fais-tu ? Quoi ! celui que tu as reconnu comme notre ennemi, celui que tu vois prêt à nous faire la guerre [...], cet auteur de la plus criminelle entreprise [...], tu vas le laisser sortir, *ut abs te non emissus ex urbe, sed immissus in urbem esse videatur*, si bien qu'on aura l'impression qu'au lieu de l'avoir renvoyé de la ville tu l'as envoyé contre la ville ! Tu n'ordonneras pas qu'il soit jeté aux fers ? »

À quoi Cicéron répond, non sans embarras, que tous ne sont pas encore conscients des dangers que Catilina fait courir à la patrie. Qu'il vaut mieux, dans ces conditions, le laisser partir : il rejoindra ainsi des hommes à lui qui attendent ses instructions en Étrurie, de sorte que la scélératesse de ses desseins apparaîtra aux yeux de tous.

Cicéron finira par l'emporter : le 5 janvier 62, un mois exactement après la quatrième *Catilinaire*, Catilina tombe sous les coups de l'armée de la république, à Pistoia, en Étrurie, après s'être, dit-on, bravement battu.

Ironie du sort : Marcus Tullius connut une fin semblable à celle de Catilina. Proscrit par Antoine contre lequel il avait prononcé de véhémentes *Philippiques*, Cicéron tenta en vain de fuir. Arrêté par les soldats d'Antoine le 7 décembre 43, il fut aussitôt exécuté. Trois ans plus tôt, dans un discours adressé à César, le *Pro Marcello*, il s'écriait : *Satis diu vel naturae vixi, vel gloriae*, j'ai vécu assez lontemps pour la nature comme pour la gloire !

Chef-d'œuvre de l'art oratoire, les *Catilinaires* sont en revanche bien pauvres sur le plan de l'analyse politique. C'est pourquoi il est intéressant de lire les pages que l'historien Salluste (86-35 av. J.-C.) a consacrées à ces événements dans sa *Conjuration de Catilina.* D'autant plus intéressant que, sans être résolument partisan de Catilina – dont il fait un portrait au total peu flatteur, même s'il lui reconnaît des qualités – Salluste est du côté des *populares,* contre les *nobiles.*

Et si, en attendant Salluste, nous abordions une nouvelle fois aux rives de la conjugaison ? Tentant, non ?

Eh bien donc, il était une fois la voix passive.

La voix passive offre en latin de petites difficultés et, donc, de modestes joies dont le français est dépourvu. Pour conjuguer un verbe à la voix passive, le français a en effet tout simplement recours à l'auxiliaire être. Le latin, lui, a recours à des formes particulières, du moins au présent, à l'imparfait et au futur : *Virgo Daphne ab Apolline amabatur, amatur, amabitur,* la chaste Daphné était aimée, est aimée, sera aimée d'Apollon.

Tout le plaisir consiste donc à apprendre comment on conjugue un verbe à la voix passive. La recette n'est pas si compliquée. Aux trois temps de l'*infectum,* à l'indicatif comme au subjonctif, les terminaisons sont invariablement les suivantes pour chacune des personnes :

-r
-ris ou *-re*
-tur
-mur
-mini
-ntur

Facile à retenir et encore plus à appliquer, pourvu que l'on observe les « règles » suivantes :

À la 1ère personne, le *r* s'ajoute au *o* de la voix active ou se substitue au *m* : à l'actif *amo* correspond le passif *amor*, à *monebo, monebor*, à *audiebam, audiebar*, etc.

À la 2e personne, *-ris* ou *-re* se substitue à *-s* ; cependant, à la désinence active *-is,* comme dans *amabis* ou *legis*, correspond en principe la désinence passive *-eris,* sauf au présent de l'indicatif des verbes de la 4e conjugaison : ainsi, à l'actif *monebis* correspond le passif *moneberis*, mais à l'actif *audis* (2e personne du singulier du présent de l'indicatif) correspond le passif *audiris.*

À la 3e personne, *-tur* se substitue à *-t* : à l'actif *amat* correspond le passif *amatur*, à *capiat*, *capiatur*, etc.

À la 1ère personne du pluriel, *-mur* se substitue à *-mus* : à l'actif *audiremus* correspond le passif *audiremur*, etc.

À la 2e personne du pluriel, *-mini* se substitue à *-tis* : à l'actif *monebitis* correspond le passif *monebimini*, etc.

Enfin à la 3e personne du pluriel, *-ntur* se substitue à *-nt* : à l'actif *monent* correspond le passif *monentur*, etc.

S'agissant des temps du *perfectum*, les choses sont des plus simples : on utilise le participe passé + l'auxiliaire être (*sum*). Mais attention ! Participe passé + verbe *sum* au présent = parfait passif ! *Amatus sum* signifie « j'ai été aimé ». De même, participe passé + *sum* à l'imparfait = plus-que-parfait passif ; enfin, participe passé + verbe *sum* au futur = futur antérieur passif : *moniti erimus*, 1ère personne du pluriel du futur antérieur passif de *moneo*, « nous aurons été avertis ».

À l'impératif, pour la 2e personne du singulier on ajoute *-re* à la forme active : à l'actif *audi* correspond le passif *audire* ; pour la 2e personne du pluriel on substitue *-mini* à la désinence active *-te,* et le tour est joué.

À l'infinitif présent, la désinence active *-re* cède la place à la désinence *-ri,* sauf pour les verbes de la 3e conjugaison (et ceux du type *capio)* qui délaissent la terminaison *-ere* au profit d'une terminaison *i* : ama *ri*, mone *ri*, audi *ri*, mais leg *i* et cap *i*.

Infinitif parfait passif = participe passé + *esse* (infinitif de *sum*, rappelons-le) : *amatum esse*, avoir été aimé.

Infinitif futur passif = supin + *iri* (forme passive de l'infinitif présent du verbe *eo, is, ire, ii, itum* qui signifie « aller ») : amatum iri, monitum iri, lectum iri, etc.

Une fois connu ce qui précède, tout un chacun est en mesure de se confectionner un joli tableau multicolore de la conjugaison à la voix passive.

Donnons tout de même, ne soyons pas mesquin, la conjugaison complète d'*amor* :

Indicatif

Présent	Imparfait
Amor	Amabar
Amaris *ou* amare	Amabaris *ou* amabare
Amatur	Amabatur
Amamur	Amabamur
Amamini	Amabamini
Amantur	Amabantur

Futur	Futur
Amabor	Amatus, a, um sum
Amaberis *ou* amabere	Amatus es
Amabitur	Amatus est
Amabimur	Amati, ae, a sumus
Amabimini	Amati estis
Amabuntur	Amati sunt

Plus-que-parfait	Futur antérieur
Amatus eram	Amatus, a, um ero
Amatus eras	Amatus eris
Amatus erat	Amatus erit
Amati, ae, a eramus	Amati, ae, a erimus
Amati eratis	Amati eritis
Amati erant	Amati erunt

SUBJONCTIF

Présent	Imparfait
Amer	Amarer
Ameris *ou* amere	Amareris *ou* amarere
Ametur	Amaretur
Amemur	Amaremur
Amemini	Amaremini
Amentur	Amarentur

Parfait	Plus-que-parfait
Amatus sim	Amatus, a, um essem
Amatus sis	Amatus esses
Amatus sit	Amatus esset
Amati, ae, a simus	Amati, ae, a essemus
Amati sitis	Amati essetis
Amati sint	Amati essent

Impératif présent (futur inusité)

Amare

Amamini

Infinitif

Infintif Présent : Amari – Parfait : Amatum, am, um esse – Futur : Amatum (invariable) iri.

Participes

Participe passé

Amatus, a, um (voir chapitre III)

Adjectif verbal

Amandus, a, um (voir chapitre III)

Parvenus à ce point, nous ne sommes pas encore tout à fait quittes de la voix passive. Il existe en effet ce qu'on appelle des verbes déponents.

Verbes déponents ? Qu'est-ce encore que cette chose-là ?

Oh ! rien de bien méchant. On appelle ainsi les verbes qui ont des désinences passives mais un sens actif. Les grammairiens latins les ont appelés ainsi parce que, tout en ayant un sens actif, ils ont abandonné (*deponere*) les désinences actives.

Nous trouvons trois verbes de ce type dans notre texte. À la première ligne, *abutere* est la 2e personne du singulier du futur de l'indicatif actif de *abutor, abuti, abusus sum*, « abuser ». Aux lignes 12-13, *arbitraris* est la 2e personne du singulier du présent de l'indicatif du verbe *arbitror, ari, arbitratus sum*, « penser, juger, croire, être d'avis ».

Un peu plus bas, ligne 20, *machinaris* vient du verbe *machinor, aris, ari, machinatus sum*, « combiner, imaginer, ourdir, tramer ». Comme on le voit, les déponents n'appartiennent pas tous à la même conjugaison.

L'infinitif en *-ari* signe l'appartenance à la 1ère conjugaison (type *amor*) ; l'infinitif en *-eri*, à la 2e (type *moneor*) ; l'infinitif en *-i* à la 3e ou 3e mixte (type *legor* ou *capior)* ; l'infinitif en *-iri*, enfin, est le propre des verbes de la 4e conjugaison.

L'infinitif d'un verbe déponent signalant l'appartenance à telle ou telle conjugaison, il n'est pas nécessaire de préciser à chaque fois la forme de la 2e personne du singulier du présent de l'indicatif. Par ailleurs, le parfait étant formé au moyen du participe passé, point n'est besoin d'indiquer le supin, qui se déduit facilement.

Le participe présent des verbes déponents (en *-ans, -antis* pour les verbes de la 1ère conjugaison ; en *-ens, -entis* pour ceux de la 2e et de la 3e ; en *-iens, -ientis* pour ceux de la 4e) le participe présent, donc, a une forme et un sens actif : *machinans* = tramant, ourdissant.

Le participe passé, pourtant semblable par sa forme au participe des verbes non déponents, a lui aussi un sens actif : *arbitratus* = ayant jugé.

Cependant, les participes passés de certains déponents ont parfois aussi un sens passif : *imitatus*, de *imitor, ari*, ayant été imité ou ayant imité ; *meditatus*, de *meditor, ari*, ayant été médité ou ayant médité ; *testatus*, de *testor, ari*, ayant été attesté ou ayant attesté, etc.

Comme pour les autres verbes, il y a un participe futur actif (en *-urus, a, um*) et un participe futur passif (ou adjectif verbal). *Machinaturus, a, um* = sur le point de tramer ; *machinandus, a, um* = devant être tramé.

Moriturus est le participe futur actif du déponent *morior, mori, mortuus sum.* On le retrouve dans le célèbre *Ave Caesar, morituri te salutant*, prononcé par les gladiateurs et autres rétiaires avant les combats du cirque. Mais... mais oui, vous avez parfaitement raison de tiquer : on attendrait *mortuuri*, seulement *moriturus* fait partie de ce petit nombre de participes futurs construits sur le thème du présent.

Autre surprise : entre les déponents et les non-déponents, il y a place pour les... semi-déponents ! Ce sont d'amusantes petites bêtes qui ont la tête active et la queue passive, sauf votre respect. En d'autres termes (concentrez-vous), ils ont une forme et un sens actif aux temps de l'*infectum* et une forme passive mais un sens actif aux temps du *perfectum*. Recherché, non ? Tel est par exemple *gaudeo, es, ere*, « se réjouir », qui fait *gavisus sum* au parfait.

Un seul semi-déponent, particulièrement pervers celui-là, intervertit les choses : forme passive et sens actif à l'*infectum*, forme et sens actif au *perfectum* ; il s'agit de *revertor, eris, reverti* (= infinitif), *reverti* (= parfait !), *reversum*, s'en retourner, revenir. Si ce n'est pas décourageant, des choses pareilles !

On serait incomplet si l'on ne signalait quatre verbes actifs, dont le participe passé, de forme passive, a un sens actif : *ceno, as, are*, dîner, *cenatus*, ayant dîné ; *prandeo, es, ere*, déjeuner, *pransus*, ayant déjeuné ; *poto, as, are*, boire, *potus*, ayant bu ; *juro, as, are*, jurer, *juratus*, ayant juré. Il *jura* ses grands dieux, qu'ayant bien *déjeuné* et *bu*, il n'avait nulle envie de *dîner*. (Mais c'était pour la forme : le falerne qu'il voyait briller dans les coupes lui faisait drôlement envie.)

Conclusion : en présence d'une forme verbale à la voix passive, seul l'usage apprend à reconnaître immédiatement s'il s'agit d'un verbe déponent ou non. En cas d'hésitation, s'en remettre au dictionnaire.

Allons, encore deux petites cuillerées de grammaire et nous passons à un autre chapitre.

À deux reprises, dans notre texte, nous trouvons le verbe *video*, « voir ». Une première fois à la ligne 9, où il est construit avec une proposition infinitive (on aura reconnu dans *teneri* l'infinitif présent passif de *teneo, es, ere*, « tenir »). Laissons cela. Et une deuxième fois à la ligne 16, où nous lisons : *Nos autem, fortes viri, satis facere rei publicae videmur,* « et nous, courageux comme nous sommes, nous croyons en faire assez pour l'État. »

C'est qu'à la voix passive, surtout avec un complément au datif, *video* en vient souvent à signifier « paraître, sembler ». Ainsi dans cette phrase de Cicéron : *Solem e mundo tollere mihi videntur qui amicitiam e vita tollunt.*

Qui tollunt amicitiam e vita, *(ceux) qui enlèvent l'amitié de la vie* ; mihi videntur, *me paraissent* ; tollere solem e mundo, *enlever le soleil du monde* (*De amicitia*, XIII, 47).

Lorsque le sujet de *videor* représente la même personne que le complément au datif, on aboutit à des tournures du type : *mihi videor somniare,* je parais à moi-même rêver, je crois rêver. Parfois, comme dans notre texte, le complément au datif n'est pas exprimé.

Satis de hac re dixisse videor, je crois en avoir assez dit sur ce point. *Vale,* porte-toi bien.

Chapitre VIII

La joyeuse fête d'Anna Perenna

– Comment cela ? Encore Ovide ! Mais, par Jupiter, il existe bien d'autres poètes latins : Properce, Tibulle, Catulle, Martial, Stace, Perse, Juvénal et Horace, Monsieur, que faites-vous d'Horace ?

– Bien, bien, si vous y tenez tant que cela, nous ferons un second volume – mais ne dit-on pas qu'on ne doit pas *reprendre deux fois* du même plat ? En attendant, suivez donc la foule en liesse qui se presse sur la *Via Flaminia*, gagnez avec elle le petit bois sacré qui apparaît aux environs de la première borne milliaire (un mille romain équivaut à 1 480 mètres), non loin des rives du Tibre, et dites-nous si vraiment vous allez refuser de prendre part au joyeux pique-nique en l'honneur d'Anna Perenna. Comment ? ce saucisson de sanglier ne vous tente pas ? Il est un peu tôt, peut-être. Et puis, du saucisson, ça risque de tacher le livre que vous tenez en main. Tiens, justement, un bouquin sur Ovide... « ce poète, dont l'étoile s'est un jour brusquement obscurcie après avoir brillé de tous ses feux dans les salons raffinés des grandes familles romaines... » Oh, oh ! voyons la suite.

... Publius Ovidius Naso est né en 43 avant Jésus-Christ à Sulmo, dans une vallée ensoleillée des Apennins à l'est de Rome. Études, voyages, modestes postes de gratte-tablettes à Rome, tout cela ne vaut pas la poésie à laquelle Ovide ne tarde pas à se vouer exclusivement : les Muses sont des maîtresses exigeantes. Il écrit successivement, entre autres, les *Amours*, histoire de sa liaison avec une dénommée Corinne ; les *Héroïdes*, recueil de lettres en vers, supposées écrites par les grandes amoureuses de la mythologie à leurs amants plus ou moins indignes : *Dicere quae puduit, scribere jussit amor*, « ce qu'on n'a pas osé dire, amour a ordonné de l'écrire »... (IV, 10) ; l'*Ars amatoria* (*Art d'aimer*), contenant des conseils pratiques pour amateurs de bonnes fortunes – un ouvrage profondément immoral ; les *Métamorphoses*, déjà présentées ; et, enfin, il commence la rédaction des *Fastes*, calendrier en vers des fêtes religieuses, mentionnant les légendes et les cultes s'y rapportant. Tout cela lui vaut le succès et la vie semble sourire à ce poète doué, brillant et séducteur, aimant l'amour et cultivant l'amitié : Horace, Properce et Tibulle sont au nombre de ses amis.

Et soudain, tout lui est enlevé : en 8 après Jésus-Christ, sur ordre de l'empereur Auguste lui-même, Ovide est banni de Rome et assigné à résidence à Tomes, petite bourgade des bords de la mer Noire, où stationne une garnison romaine. Là, pour se consoler, il écrit les *Tristes* et les *Pontiques* dans lesquels il chante ses malheurs et pleure sa patrie.

Pourquoi la *relegatio* a-t-elle frappé Ovide ? Nul ne le sait exactement. *Carmen*, un poème, et *error*, une faute grave, tels sont, selon Ovide, les motifs du châtiment impérial. Il est fort probable que le poème en question soit l'*Art d'aimer* : sans doute l'ouvrage avait-il été publié quelque huit ans auparavant et on peut se demander pourquoi Auguste avait permis la diffusion d'un livre qu'il condamnait désormais. À cela on peut répondre que c'est peut-être l'*error*, la faute grave, à laquelle Ovide fait allusion qui amena Auguste à considérer d'un œil réprobateur un ouvrage qui avait pu, au départ, lui paraître anodin. La faute d'Ovide semble en effet avoir eu quelque rapport avec la conduite adultère – et qui avait fait scandale – de la fille ou de la petite-fille d'Auguste (toutes deux portaient le même nom de Julia) : Ovide aurait pu être l'entremetteur ou l'amant de l'une d'elles, voire des deux... Cela expliquerait pourquoi Auguste se serait mis à voir dans l'*Art d'aimer* un dangereux catéchisme du libertinage.

Ovide ne revint jamais à Rome. Il mourut à Tomes au bout de dix ans d'exil, non sans avoir appris le gète, langue des Gètes, un peuple indo-européen qui avait quitté la Thrace pour venir s'installer sur les rives du Danube ; il composa même un poème – hélas perdu – dans cette langue : – *Ah ! pudet, et Getico scripsi sermone libellum* ! ah ! j'ai honte, j'ai aussi écrit un petit livre dans la langue des Gètes ! – écrit-il dans les *Pontiques* (IV, 13, 19).

Les *Fastes*, quant à eux sont restés inachevés. Dommage, si l'on en juge par des passages comme celui-ci, qui va nous permettre de rejoindre nos amis, lesquels ont déjà attaqué le pâté et vidé quelques coupes.

1 Idibus est Annae festum geniale Perennae
Non procul a ripis, advena Thybri, tuis.
Plebs venit ac virides passim disjecta per herbas

Potat et accumbit cum pare quisque sua.
Sub Jove pars durat, pauci tentoria ponunt,
Sunt quibus e ramis frondea facta casa est ;
Pars, ubi pro rigidis calamos statuere columnis,
Desuper extentas imposuere togas.
Sole tamen vinoque calent annosque precantur
Quot sumant cyathos ad numerumque bibunt.
Invenies illic qui Nestoris ebibat annos,
Quae sit per calices facta sibylla suos.
Illic et cantant quicquid didicere theatris
Et jactant faciles ad sua verba manus
Et ducunt posito duras cratere choreas
Cultaque diffusis saltat amica comis.
Cum redeunt, titubant et sunt spectacula volgi
Et fortunatos obvia turba vocat.
Occurrit nuper (visa est mihi digna relatu)
Pompa : senem potum pota trahebat anus.

Idibus, *aux ides* (il s'agit des ides de mars) ; est festum geniale, *(c')est la fête joyeuse* ; Annae Perennae, *d'Anna Perenna* ; non procul a ripis tuis, *non loin de tes rives* ; advena Thybri, *Tibre venu de l'étranger* (le Tibre prend sa source dans l'Apennin, en territoire étrusque).

Plebs venit, *le peuple vient* ; ac, *et* ; disjecta passim per herbas virides, *disséminé çà et là à travers les herbes vertes* ; potat, *il boit* ; et quisque accumbit cum pare sua, *et chacun est étendu avec sa compagne.*

Pars durat, *une partie reste* ; sub Jove, *en plein air* (littéralement, *sous Jupiter*, mot désignant ici le ciel, où est la demeure du dieu portant ce nom) ; pauci ponunt tentoria, *quelques-uns montent des tentes* ; sunt quibus, *sont (des gens) par qui* ; casa frondea, *une cabane couverte de feuillage* ; facta est e ramis, *a été faite à partir de branches* ; pars, *une partie* ; ubi statuere calamos, *quand ils ont dressé des roseaux* ; pro columnis rigidis, *en guise de colonnes rigides* ; imposuere desuper, *ont placé dessus* ; togas extentas, *leurs toges déployées.*

Tamen calent, *cependant ils ont chaud* ; sole vinoque, *du fait du soleil et du vin* ; annosque precantur, *et ils demandent aux dieux des années* ; quot sumant cyathos, *autant qu'ils pourront prendre de coupes* (le subjonctif confère à *sumant* une nuance de potentiel) ; ad numerumque, *et jusqu'à concurrence du nombre (souhaité)* ; bibunt, *ils boivent.*

Invenies illic, *tu trouveras là* ; qui ebibat, *(quelqu'un) qui boirait jusqu'au bout* ; annos Nestoris, *les années de Nestor* (d'après Homère, Nestor a vécu trois générations et, à ce titre, il était l'équivalent, toutes choses égales par ailleurs, de notre Mathusalem qui, pour sa part, vécut plus de sept cents ans ; dans la littérature antique, la longévité dont on gratifie tel ou tel est le signe d'une sagesse, d'une vertu hors du commun) ; quae sit facta Sibylla, *(quelqu'une) qui serait devenue Sibylle* (la Sibylle est le pendant féminin de Nestor, du point de vue de la longévité) ; per calices suos, *au moyen de ses coupes.*

Illic, *là* ; et cantant, *et ils chantent* ; quicquid didicere theatris, *tout ce qu'ils ont appris dans les théâtres* ; et jactant faciles manus, *et ils agitent leurs mains agiles* ; ad sua verba, *pour (accompagner) leurs paroles* ; et ducunt duras choreas, *et ils mènent de rudes danses* ; posito cratere, *un cratère* (= grand vase à vin) *ayant été posé* ; cultaque, *et parée* ; amica saltat, *l'amie saute* ; comis diffusis, *les cheveux répandus.*

Cum redeunt, *lorsqu'ils (s'en) retournent* ; titubant, *ils titubent* ; et sunt spectacula volgi, *et sont spectacles de (= pour) la foule* ; et turba obvia, *et la foule qui marche au-devant d'eux* ; vocat fortunatos, *(les) appelle bienheureux.*

Nuper pompa occurrit, *récemment une procession est arrivée au-devant (de moi)* ; mihi visa est, *elle m'a semblé* ; digna relatu, *digne d'être relatée* ; anus pota, *une vieille femme ivre* ; trahebat senem potum, *traînait un vieillard ivre.*

Aux ides a lieu la joyeuse fête d'Anna Perenna, non loin de tes rives, Tibre venu de l'étranger.

Les gens arrivent et, dispersés çà et là à travers les vertes prairies, ils boivent et chacun s'étend avec sa chacune.

Les uns restent à ciel ouvert, quelques-uns montent des tentes, certains ont construit des cabanes de branchages ; d'autres ont dressé des tiges de roseau en guise de colonnes et ont étendu par-dessus leurs toges déployées.

Cependant, le soleil et le vin chauffent les têtes : on demande aux dieux autant d'années qu'on pourra prendre de coupes – et on les boit toutes pour faire le compte. Celui-ci boirait bien toutes les années de Nestor, celle-là assez de coupes pour devenir Sibylle !

On chante ce qu'on a appris dans les théâtres et on gesticule en déclamant. On danse des rondes désordonnées autour d'un vase posé à terre, et la petite amie en beauté virevolte, cheveux au vent.

Au retour, on titube – spectacle pour les badauds – et la foule qui vous croise vous lance des « bienheureux ! »

Je suis tombé il y a peu (elle m'a paru mériter que j'en parle) sur une procession : un vieillard ivre qu'ivre une vieille femme traînait.

Une fête de la longévité en somme, et bien imaginée : autant d'années espérées que de coupes vidées ! Mais qui donc se cache derrière le nom d'Anna Perenna ?

S'il faut en croire Macrobe, l'auteur des *Saturnales*, une mine pour qui s'intéresse à la religion romaine, ce nom équivaut en fait à une personnification de l'année : aux ides de mars, on célèbre, dit-il, Anna Perenna, *ut annare perennareque commode liceat* : ut liceat, *pour qu'il (nous) soit permis* ; annare, *de passer l'année* ; perennareque, *et de traverser les années* (per-ennare = per-annare) ; commode, *dans de bonnes conditions.*

Mais pourquoi célébrer à cette date l'année et le temps qui passe ? Macrobe nous donne encore la réponse en nous rappelant que Romulus consacra le premier mois de l'année à Mars son père (voir, au chapitre II, le récit par Tite-Live des amours de Mars et de Rhéa Silvia, respectivement père et mère de Romulus et Rémus). De fait, les noms de mois *September, October, November* et *December*, dérivés de *septem*, *octo, novem* et *decem*, ne se comprennent que si *Martius*, le mois de Mars, est le premier mois de l'année. (Ce n'est qu'en -153 que le mois de Janus, *Januarius*, s'est substitué à *Martius* comme premier des douze mois). La fête d'Anna Perenna est donc à l'origine une sorte de fête du nouvel an, mais aussi du renouveau printanier, et, à ce titre, elle a continué d'être célébrée en mars.

Si l'année romaine était divisée en douze mois (ce furent d'abord des mois lunaires de vingt-huit jours, avec adjonction tous les deux ans d'un mois intercalaire), le mois quant à lui était divisé en trois périodes délimitées par les calendes, *kalendae* ou *calendae, arum*, (f.), les nones, *nonae, arum*, (f.), et les ides, *idus, uum*, (f.) : les calendes correspondaient au premier jour du mois, les nones, au cinquième ou au septième jour, selon que le mois avait trente ou trente et un jours ; quant aux ides, elles tombaient le treizième ou le quinzième jour du mois. Les ides de mars, par exemple, jour de la fête d'Anna Perenna (voir le premier vers de notre texte), tombaient le quinzième jour.

Les jours étaient datés à reculons : on comptait combien de jours séparaient celui que l'on voulait dater des calendes, des nones ou des ides à venir, le jour à dater et le jour repère étant inclus dans le compte. Par exemple le dixième jour de mars était désigné comme le sixième jour avant les ides de mars, le trentième jour de juin était désigné comme la veille (*pridie*) des calendes de juillet, etc.

Rédigé chaque année par le grand pontife (*pontifex maximus*), le calendrier indiquait quels étaient les jours de fête et les jours ouvrables et précisait quelles activités étaient ou non permises.

Tous les huit jours, ou, selon le mode de calcul romain, tous les neuvièmes jours, un grand marché agricole (*nundinae, arum*, f.) se tenait à Rome : ce jour-là les paysans cessaient le travail pour venir vendre leurs produits et régler des affaires en ville. Pour les citadins, c'était apparemment un jour chômé : Macrobe range les « nundines » parmi les jours de fête, mais il reconnaît que d'autres sont d'un avis opposé. Quoi qu'il en soit, on peut dire que les Romains connaissaient une sorte de semaine ou plus exactement une « neuvaine » (*nundinum*), chacun des jours de celle-ci étant désigné par une lettre de A à H, la lettre A désignant le jour des nundines, et la lettre H la veille de celles-ci.

La semaine de sept jours, quant à elle, « résulte d'un mélange d'influences babyloniennes, égyptiennes et juives » : nous citons ici A. Le Bœuffle, auteur d'un ouvrage captivant – mais parfois difficile ! – *Le Ciel des Romains* (De Boccard) et c'est à ce livre que nous empruntons les renseignements qui suivent.

La semaine orientale débutait le samedi. Or chacune des heures du jour était consacrée à une divinité planétaire, dans l'ordre d'espacement des planètes le plus usité alors, et en commençant par la plus éloignée. La première heure du premier jour était donc dédiée à Saturne, la deuxième à Jupiter, la troisième à Mars, la quatrième au Soleil, la cinquième à Vénus, la sixième à Mercure, la septième à la Lune, la huitième à Saturne à nouveau, etc. Par suite, la première heure du deuxième jour (vérifie, *dubitans lector*) était consacrée au Soleil ; la première heure du troisième jour à la Lune, etc. Et c'est ainsi finalement que chaque jour fut consacré à la planète sous le patronage de laquelle se trouvait sa première heure :

Lunae dies (lundi), *Martis dies, Mercurii dies, Jovis dies, Veneris dies.*

Les noms de samedi et dimanche ont le premier une origine juive (*sabbati dies*, jour du sabbat) le second, une origine chrétienne (*dies dominica*, jour du Seigneur).

Introduite à Rome sous Auguste, la semaine planétaire ne s'imposa définitivement qu'au IIIe siècle de notre ère, mais le repos hebdomadaire du sabbat était devenu courant dès l'époque de Néron.

Précisons encore que, si chaque jour était divisé en vingt-quatre heures, celles-ci n'étaient pas de durée égale ; été comme hiver, on comptait douze heures de jour et douze heures de nuit ; les heures diurnes étaient donc plus longues en été qu'en hiver, et les heures nocturnes plus longues en hiver qu'en été ; le milieu du jour et de la nuit marquait le début de la septième heure.

Dès le Ier siècle avant Jésus-Christ on connaissait les horloges à eau, peu précises il est vrai : certaines d'entre elles étaient pourvues d'un mécanisme qui projetait des petits cailloux sur un gong et servaient de réveil. De Trimalcion, l'hôte fortuné dépeint dans le *Satiricon* de Pétrone, il est dit : *horologium in triclinio et bucinatorem habet subornatum, ut subinde sciat quantum de vita perdiderit* ; habet horologium in triclinio, *il a une horloge dans sa salle à manger* ; et bucinatorem subornatum, *et un sonneur de cor* (*engagé* =) *qu'il a engagé* ; ut sciat subinde, *pour savoir à tout instant* ; quantum de vita perdiderit, *combien de vie il a perdu.*

Effrayant ! comme est effrayante l'horloge des *Fleurs du Mal*, dont « le gosier de métal parle toutes les langues » et nous répète sans cesse « *memento*, souviens-toi ». D'un point de vue grammatical, *memento* est une forme unique en latin : il s'agit en effet d'un impératif parfait dont il n'existe pas d'autres exemples ; la forme de départ est le parfait de l'indicatif *memini*, qui a le sens d'un présent : je me souviens ; *memini* se conjugue régulièrement, *memini*, *meministi*, *meminit*, etc.

Les anciens cadrans solaires portent souvent cette phrase quelque peu inquiétante et dont le sens n'est pas difficile à deviner : *Omnes vulnerant, ultima necat.*

Puisque nous en sommes à parler du temps (qui passe), profitons de l'occasion pour donner un aperçu grammatical sur le sujet.

Les circonstances temporelles peuvent être précisées

par un nom (ou un groupe nominal), par une proposition subordonnée, par un adverbe.

Le nom ou le groupe nominal complément de temps est à l'ablatif lorsqu'il indique un moment précis, une date : *idibus Martiis*, aux ides de mars, le jour des ides de mars ; *prima luce* (de *lux, lucis*, f.), à la première lumière, à l'aube.

Lorsque le nom ne constitue pas une indication de temps, on utilise la préposition *in* : *in pace, in bello*, en temps de paix, en temps de guerre. Cependant, s'il s'agit d'événements précis pouvant servir à dater, on emploie l'ablatif seul : *bello Gallico*, lors de la guerre des Gaules.

Pour indiquer une date on ne dit pas, comme on pourrait s'y attendre, *tertio (quarto, quinto...) die* (ablatif de date : le troisième, quatrième, cinquième jour...) *ante kalendas (nonas, idus), Apriles (Maias, Junias...)* mais *ante diem tertium (quartum, quintum) kalendas (nonas, idus) Apriles (Maias, Junias...)*, souvent ainsi abrégé : a. d. III (IV, V...) K. (N., I.) APR. (MAI., JUN., etc.). La préposition *ante* + accusatif (= avant) a fini par être placée devant l'ensemble de l'expression, et de ce fait on a mis aussi à l'accusatif le mot *dies* et l'adjectif ordinal ; on aboutit à une construction qui fait un beau solécisme (faute contre la syntaxe) ; mais la langue parlée, fût-elle du latin, ne s'embarrasse pas toujours de rigueur grammaticale.

Lorsqu'il s'agit d'indiquer une durée, on emploie l'accusatif. Évoquant les courtisans dont Néron s'est entouré pour qu'ils l'applaudissent lorsqu'il se produit sur scène, Tacite (57 ap. J.-C., mort après 117) écrit dans ses *Annales* : *Ii dies ac noctes plausibus personare.*

Ii (= ei), *ceux-ci (= les courtisans)* ; dies ac noctes (accusatif pluriel), *pendant les jours et les nuits* ; personare plausibus, *de faire du bruit par leurs applaudissements* : et ceux-ci, jour et nuit, de faire retentir leurs applaudissements.

Les propositions subordonnées circonstancielles de temps sont introduites par des conjonctions telles que : *ut, ubi*, lorsque ; *ut primum, ubi primum*, dès que ; *simul ac* (ou *atque*), en même temps que ; *quoties, quotiescumque*, toutes les fois que, chaque fois que ; *postquam*, après que ; *antequam*, avant que ; *dum*, pendant que ; etc.

Toutes ces conjonctions se construisent avec l'indicatif ; ainsi, au vers 7 de l'extrait des *Fastes*, nous lisons : *ubi statuere calamos*, lorsqu'ils ont dressé des roseaux.

Cependant, *cum* peut se construire avec le subjonctif et signifie alors, le plus souvent, « comme, alors que » (nuance causale ou adversative) : *Zenonem, cum Athenis essem, audiebam frequenter*, comme j'étais à Athènes, j'écoutais souvent les leçons de Zénon.

De même, *dum* est suivi du subjonctif lorsqu'il signifie « en attendant que, jusqu'à ce que ».

Nombreux sont les adverbes de temps. Citons : *antea*, auparavant ; *postea, deinde*, ensuite ; *hodie*, aujourd'hui (voir chapitre 5) ; *nunc*, maintenant ; *saepe*, souvent ; *fere*, presque toujours ; *semper*, toujours ; *olim*, un jour ; *cras*, demain ; *statim*, aussitôt ; *nuper*, récemment (voir vers 19).

Nous avons beaucoup parlé de chiffres. Le moment est donc venu de donner les principaux adjectifs numéraux.

D'abord les cardinaux :

I unus, a, um ; se décline comme *bonus, a, um*, sauf au génitif et au datif (unius et uni aux trois genres)
II duo, duae, duo (accusatif duo ou duos, duas, duo ; génitif duorum, duarum, duorum ; datif et ablatif duobus, duabus, duobus)
III tres, tres, tria (accusatif tres, tres, tria ; génitif trium ; datif et ablatif tribus)
IV quatuor ou quattuor
V quinque
VI sex
VII septem
VIII octo
IX novem
X decem
XX viginti
XXX triginta
XL quadraginta
L quinquaginta
LX sexaginta
LXX septuaginta
LXXX octoginta
XC nonaginta
C centum
D quingenti
M mille

Ordinaux correspondants :

Primus, a, um
Secundus, a, um
Tertius, a, um
Quartus, a, um
Quintus, a, um
Sextus, a, um
Septimus, a, um
Octavus, a, um
Nonus, a, um
Decimus, a, um
Vicesimus, a, um
Tricesimus, a, um
Quadragesimus, a, um
Quinquagesimus, a, um
Sexagesimus, a, um
Septuagesimus, a, um
Octogesimus, a, um
Nonagesimus, a, um
Centesimus, a, um
Quingentesimus, a, um
Millesimus, a, um

Primus est une forme de superlatif ; pour dire « le premier de deux », on utilise le comparatif *prior, prior, prius.* D'une manière générale, pour comparer deux personnes ou deux choses, le latin utilise le comparatif, à la différence du français qui a recours au superlatif relatif : *validior manuum,* la plus forte des deux mains ou *validior manus,* la main la plus forte.

Le dernier mot à Catulle qui nous pardonnera de lui dérober un vers privé de son contexte : *Quid datur a divis felici optatius hora* ? qu'est-ce que les dieux donnent de plus désirable qu'une heure heureuse ?

Chapitre IX

Romains contre Romains

Les dix livres – quelque huit mille vers – de la *Guerre civile* (ou *Pharsale)* de Lucain (39-65 ap. J.-C.) sont consacrés à l'affrontement entre César (qui s'appuie sur les *populares)* et Pompée (soutenu par les *optimates*).

Au début du Livre I, Lucain évoque le passage du Rubicon par César (janvier 49), passage qui marque le début de la guerre civile, puisque César va se rendre ensuite maître de l'Italie par les armes. Le Livre X évoque l'entrée de César dans Alexandrie, sa rencontre avec Cléopâtre et le soulèvement des Alexandrins qui refusent la domination romaine que l'amant de Cléopâtre voudrait imposer. Entre-temps César a poursuivi Pompée jusqu'en Épire, puis en Thessalie. C'est dans cette région du nord de la Grèce que se déroule la bataille de Pharsale, bataille décisive, qui se solde par la défaite puis la fuite de Pompée jusqu'en Égypte, où il est assassiné par les ministres-régents de Ptolémée XIV, alors âgé de quinze ans et marié depuis trois ans déjà à sa sœur Cléopâtre...

Au livre III de sa *Guerre civile*, César s'interroge sur les raisons de l'assassinat de Pompée – qui, tout en le soulageant, l'indigna. L'entourage de Ptolémée, dit-il, soit craignait que Pompée n'eût des visées sur l'Égypte, soit tout simplement crut bon de se débarrasser d'un ancien allié, désormais affaibli et, donc, encombrant. Dans ce mêmelivre III, César décrit lui aussi la bataille de Pharsale, et il est intéressant de comparer le point de vue du stratège et celui du poète.

L'extrait qui suit est tiré du livre VII, consacré presque tout entier à la bataille qui finit par donner son nom à l'épopée de Lucain. Il s'agit d'un des passages les plus impressionnants de la *Pharsale*. Les armées de César et de Pompée se font face, immobiles, dans un silence absolu. Elles ont couru à la rencontre l'une de l'autre et, brusquement, elles s'arrêtent. Pères et fils se font face : qui aurait le cœur assez dur pour se battre ? Chacun reste interdit, figé dans une immobilité glacée, lances brandies en arrêt. Cette immobilité – que César attribue aux seuls Pompéiens et où il ne voit qu'une tactique – revêt un aspect terrifiant sous la plume de Lucain qui en suggère la terrible ambiguïté : nul n'a envie d'affronter ceux d'en face mais tous restent à leur place (au lieu de fraterniser avec ceux qu'on les oblige à combattre, ou de s'enfuir, épouvantés...) et l'engourdissement qui les saisit ne vient pas seulement de l'horreur éprouvée à l'idée de tuer des concitoyens ou des proches, elle est aussi le signe de l'empire exercé sur ces hommes par la fatalité d'une guerre qui les dépasse et les tient dans ses rets.

Et soudain, un dénommé Crastinus commet l'irréparable : il jette une lance que César lui-même n'osait pas mouvoir.

C'est alors – le contraste est saisissant avec le silence

qui a précédé – un fracas extraordinaire qui monte du champ de bataille, un vacarme qui atteint les confins de l'univers : que des concitoyens, des frères, des fils et des pères se battent, le monde entier aussitôt en est bouleversé. La violence qui se déchaîne dès lors n'est plus contenue par aucune règle, le hasard emporte tout et fait commettre le mal même à ceux qui sont animés de bonnes intentions. Et le passage se termine par la vision désolante de la haine guidant l'épée venue fouailler le ventre d'un concitoyen, d'un père, d'un frère.

Ut rapido cursu fati suprema morantem
Consumpsere locum, parva tellure dirempti
Inde manus spectant tempus, quo noscere possent
Facturi quae monstra forent : videre parentes
Frontibus adversis fraternaque comminus arma,
Nec libuit mutare locum ; tamen omnia torpor
Pectora constrinxit, gelidusque in viscera sanguis
Percussa pietate coit, totaeque cohortes
Pila parata diu tensis tenuere lacertis.
Di tibi non mortem quae cunctis poena paratur,
Sed sensum post fata tuae dent, Crastine, morti,
Cujus torta manu commisit lancea bellum
Primaque Thessaliam Romano sanguine tinxit.
Ô praeceps rabies ! Cum Caesar tela teneret,
Inventa est prior ulla manus ! Tunc stridulus aer
Elisus lituis conceptaque classica cornu,
Tunc ausae dare signa tubae, tunc aethera tendit
Extremique fragor convexa inrumpit Olympi,
Unde procul nubes, quo nulla tonitrua durant.
Excepit resonis clamorem vallibus Haemus
Peliacisque dedit rursus geminare cavernis ;

Pindus agit fremitus, Pangaeaque saxa resultant,
Œtaeaeque gemunt rupes, vocesque furoris
Expavere sui tota tellure relatas.
Spargitur innumerum diversis missile votis :
Vulnera pars optat, pars terrae figere tela
Ac puras servare manus. Rapit omnia casus
Atque incerta facit, quos vult, Fortuna nocentes.
Sed quota pars cladis jaculis ferroque volanti
Exacta est ? Odiis solus civilibus ensis
Sufficit et dextras Romana in viscera ducit.

Ut rapido cursu consumpserunt locum, *lorsqu'en une course rapide ils eurent consumé le lieu* ; morantem suprema fati, *qui retardait les derniers (instants) du destin* ; dirempti parva tellure, *séparés par une petite (= un peu de) terre* ; inde manus spectant, *à partir de là ils regardent leurs mains* ; tempus, *pendant un temps* ; quo possent noscere, *grâce auquel ils pourraient connaître* ; quae monstra facturi forent, *quelles monstruosités ils s'apprêtaient à commettre* ; videre parentes frontibus adversis, *ils virent leurs pères les fronts (étant) en face* ; fraternaque arma comminus, *et les armes de leurs frères tout près* ; nec libuit mutare locum, *et il ne leur plut pas de changer de place* ; tamen torpor constrinxit omnia pectora, *cependant un engourdissement étreignit toutes les poitrines* ; gelidusque sanguis coit, *et un sang glacé se figea* ; in viscera percussa pietate, *dans les entrailles ébranlées par la tendresse* ; totaeque cohortes tenuere diu, *et toutes les cohortes retinrent longtemps* ; lacertis tensis, *les bras (étant) tendus* ; pila parata, *leurs javelots prêts* ; di dent tibi, *que les dieux te donnent* ; non mortem quae cunctis poena paratur, *non pas la mort qui pour tous (comme) châtiment est préparée* ; sed sensum tuae morti, *mais (qu'ils donnent) une conscience (des choses) à ta mort (= à toi une fois mort)* ; post fata, Crastine, *après les instants fatals, Crastinus* ; cujus lancea, *dont la lance* ; torta manu, *une fois lancée par ta main* ; commisit bellum, *engagea le combat* ; primaque tinxit Thessaliam sanguine Romano, *et la première teignit la Thessalie de sang romain* ; ô rabies praeceps, *ô rage qui se précipite tête en avant* ; cum Caesar teneret tela, *alors que César retenait ses javelots* ; ulla manus inventa est prior, *une main a été trouvée la première (à lancer)* ; tunc stridulus aer elisus lituis, *alors, strident, l'air jaillit des trompes* ; conceptaque classica cornu, *et les signaux convenus (jaillirent) du cor* ; tunc tubae ausae dare signa, *alors les trompettes osèrent donner le signal* ; tunc fragor tendit aethera, *alors le fracas tend l'éther* ; -que inrumpit convexa, *et fait irruption dans les cavernes* ; extremi Olympi, *de l'Olympe (en sa partie) extrême* ; unde procul nubes, *d'où loin (sont) les nuages* ; quo nulla tonitrua durant, *là où aucun tonnerre ne subsiste* ; Haemus excepit clamorem vallibus resonis, *l'Hémus (= le mont Hémus, en Thrace) reçut les cris dans (ses) vallées qui résonnent* ; Peliacisque cavernis, *et, aux cavernes du Pélion* (montagne de Thessalie, au nord-est de Pharsale) ; dedit rursus geminare, *(les) donna de nouveau à redoubler* ; Pindus agit fremitus, *le Pinde fait entendre des grondements* (le Pinde est une montagne de Thrace : on s'éloigne passablement de Pharsale ! Il est vrai que c'est un massif cher aux poètes puisqu'il est dédié à Apollon et aux Muses) ; Pangaeaque saxa resultant, *les rochers du Pangée* (mont situé entre la Thrace et la Macédoine) *tremblent à leur tour* ; âtaeaeque rupes gemunt, *les parois de l'âta gémissent* (le mont âta se trouve au sud de la Thessalie) ; -que expavere, *et ils s'épouvantèrent* ; voces furoris sui, *des cris de leur propre fureur* ; relatas tota tellure, *répercutés sur toute la terre* ; spargitur innumerum missile, *est répandu un innombrable envoi (de traits)* ; diversis votis, *(accompagné de) vœux opposés* ; pars optat vulnera, *une partie souhaite des blessures* ; pars figere tela terrae, *une partie (souhaite) ficher les traits en terre* ; ac servare manus puras, *et conserver les mains pures* ; casus rapit omnia, *(mais) le hasard emporte toutes choses* ; atque incerta Fortuna, *et la Fortune incertaine* ; facit nocentes quos vult, *rend coupables (ceux) qu'elle veut* ; sed quota pars cladis, *mais quelle part du désastre* ; exacta est jaculis ferroque volanti, *a été mesurée aux traits et au fer qui vole* ; solus ensis sufficit, *seule l'épée suffit* ; odiis civilibus, *aux haines civiles* ; et ducit dextras in viscera Romana, *et conduit les (mains) droites dans les entrailles romaines.*

Vite, ils ont couru et sont venus à bout du terrain qui retardait l'issue fatale ; alors, séparés par une étroite bande de terre, ils regardent leurs mains, le temps de découvrir quelles monstruosités ils s'apprêtent à commettre : ils ont vu en face d'eux leurs pères, et, toutes proches, les armes de leurs frères, et ils n'ont pas cru devoir changer de place. Cependant, les poitrines se serrent, paralysées, un sang glacé se fige dans les entrailles ébranlées par la tendresse, et toutes les cohortes, le bras tendu, retiennent un long moment les javelots prêts à voler.

Que les dieux, Crastinus, te donnent, non pas la mort, châtiment préparé pour tous, mais la conscience, une fois mort, de ton trépas, toi dont la main fit tournoyer la lance qui engagea le combat et, la première, teignit la Thessalie de sang romain.

Ô précipice de la rage ! Quand César retenait ses traits, il s'est trouvé une main pour le devancer !

Alors, en même temps que l'air strident des trompes, des cors jaillirent les sonneries rituelles, alors les trompettes osèrent donner le signal : alors le fracas tend l'éther et s'engouffre dans les cavernes des hauts de l'Olympe, bien loin des nuages, là où le tonnerre n'est plus. Les vallées de l'Hémus résonnèrent de cris et les renvoyèrent, en les redoublant, aux cavernes du Pélion. Le Pinde roule des grondements, les rochers du Pangée retentissent, les parois de l'âta gémissent et ils s'épouvantèrent des cris de leur fureur répercutés par toute la terre.

La lance innombrable vole en tous sens, accompagnée de vœux opposés : les uns souhaitent de blesser, les autres de ficher leurs traits en terre et de conserver les mains pures. Mais le hasard emporte tout et la Fortune incertaine rend coupables ceux qu'elle veut. Quelle petite part est laissée, dans le désastre, aux traits et au fer qui volent ? À elle seule l'épée suffit à la haine civile et guide les mains dans les entrailles romaines.

Ce passage va nous donner l'occasion de dire quelques mots de la versification latine.

Connaître les règles de la versification latine, c'est être capable de retrouver un lointain écho de la musique que les poètes ont voulu donner à leurs vers. Et, le soir venu, sous la mosaïque scintillante de la voûte céleste, quel plaisir de bercer ses propres oreilles ou celles de l'être aimé de la mélodie d'une strophe alcaïque !

La poésie latine ancienne ignore les rimes et (sauf pour quelques vers particuliers) le compte des syllabes : elle repose sur l'alternance de syllabes longues et de syllabes brèves formant des groupes appelés *pieds*.

La nature d'un vers résulte de la nature des différents pieds qui le constituent.

Ainsi, l'étude de la versification comporte deux parties, la *prosodie,* qui traite de la longueur des syllabes et la *métrique* qui étudie la nature des pieds formant les vers.

La *prosodie* apprend donc à connaître quelles sont les syllabes brèves (marquées du signe ˘), les syllabes longues (marquées du signe ¯), et les syllabes dites communes (marquées du signe ⏓) parce qu'elles sont longues ou brèves au gré du poète.

Par convention, une syllabe longue vaut deux brèves.

Pour savoir si une syllabe est longue ou brève, on peut se reporter au dictionnaire, qui indique en principe la quantité des voyelles de chaque mot : *ămŏr, -ōris ; Rōmă.* Par nature, le *a* de *amor* est bref, et le *o* de *Roma* est long. Cependant, le dictionnaire n'indique pas toutes les quantités. Ainsi, dans *ămōris,* il n'indique pas la quantité du *i.* Par ailleurs, si le *o* est bref dans le nominatif *amor,* il est long dans le génitif *amoris.* Pourquoi ? Parce qu'il existe des règles – que la grammaire ou l'usage enseignent – déterminant la quantité de certaines terminaisons. Ainsi la terminaison *-is* est longue lorsqu'elle correspond à un datif ou un ablatif pluriel (1ère ou 2e déclinaison), elle est brève lorsqu'elle correspond à un génitif singulier de la 3e déclinaison. Il existe donc des voyelles – et par conséquent des syllabes – longues ou brèves par « nature ». Mais il existe aussi des voyelles longues ou brèves par « position ». Ainsi, dans le corps d'un mot, une voyelle suivie d'une autre voyelle (ou de *h* + voyelle) est brève : *dĕus*.

Voyons d'abord les principaux cas dans lesquels les syllabes sont longues.

Sont longues par nature :
– les syllabes comportant une voyelle longue par nature : *Rōma*, *amās*, etc. (voir le dictionnaire) ;
– les syllabes comportant une diphtongue non suivie de voyelle : *$\overline{au}$dio*, *Rom$\overline{ae}$*, etc.

Sont longues par position :
– les syllabes placées à la fin d'un mot et dont la voyelle est suivie de deux consonnes, l'une terminant le mot, l'autre commençant le mot suivant. Ainsi, au vers 12 de notre texte, la syllabe *-sit* de *commisit* est forcément longue du fait que le *i* est suivi du *t* qui termine le mot et du *l* qui commence le suivant ;
– dans le corps d'un mot, les syllabes dont la voyelle est suivie d'un groupe de consonnes autres que *b*, *p*, *f*, *c*, *g*, *d*, *t* + *l* ou *r* : au vers 20, par exemple, le *u* de *unde* est long ;
– dans le corps d'un mot, les syllabes comprenant une voyelle suivie de *x*, *j* ou *z* : au vers 30, le *e* de *exacta* est long.

Une syllabe est brève :
– quand la voyelle est brève de nature (voir le dic-

tionnaire) et n'est pas suivie de deux consonnes : au vers 1, les voyelles *a* et *i* de *rapido* sont brèves par nature. En revanche, au vers 6, le second *i* de *libuit* est normalement bref, comme tous les *i* des désinences de parfait, mais comme il est suivi d'un *t* puis d'un *m*, il est long ;

– quand, dans le corps d'un mot, la voyelle est suivie d'une autre voyelle (ou de *h* + voyelle).

Une syllabe est commune :

– quand elle termine un vers ;

– quand, dans le corps d'un mot, la voyelle est brève de nature mais est suivie de deux consonnes, la première étant *b, p, f, c, g, d, t* et la seconde *l* ou *r*. Au vers 19, par exemple, Lucain pouvait user de la syllabe *-ni* de *tonitrua* comme d'une longue ou d'une brève : nous verrons qu'il s'en est servi comme d'une longue ;

– dans un certain nombre de terminaisons : *mihī̆, tibī̆, sibī̆*, etc.

Reste à dire un mot de l'élision.

Une voyelle ou une diphtongue qui termine un mot s'élide devant une voyelle (ou *h* + voyelle) qui commence le mot suivant. Du point de vue de la quantité, elle compte donc alors pour zéro.

De plus, comme le *m* final n'était plus guère prononcé, lorsqu'une voyelle est suivie d'un *m* final, celui-ci n'empêche pas l'élision.

Ainsi, en fin de mot, *am, em, im, um, om*, soit sont élidés s'ils sont devant une voyelle, soit sont longs par position s'ils sont devant une consonne.

Quand on possède les éléments de prosodie qui précèdent, on en sait pratiquement assez pour pouvoir identifier les principaux mètres latins, comme nous allons le voir maintenant.

La métrique enseigne les lois qui régissent la mesure (= *metrum*, calque du grec *metron)* du vers, autrement dit comment les syllabes longues et brèves s'assemblent pour former des groupes appelés pieds et comment les différents pieds sont assemblés pour former tel ou tel type de vers.

Le nom de « pied », donné à l'unité de mesure de base du vers, vient de ce que, quand ils récitaient des vers, les Romains, comme les Grecs, battaient la mesure en frappant le sol du pied.

Les pieds les plus fréquents sont les suivants :

– le spondée : – –
– le dactyle : –˘ ˘
– l'iambe : ˘–
– le trochée : –˘
– l'anapeste : ˘ ˘–
– le tribraque : ˘ ˘ ˘

Le spondée, *spondeus*, composé de deux syllabes longues, est volontiers utilisé pour donner une impression de gravité. Il est fréquent dans les vers accompagnant les rites religieux : *spondeus* vient d'ailleurs d'un verbe grec signifiant « faire des libations ».

Le dactyle, *dactylus*, c'est une longue et deux brèves,

succession que l'on observe dans les phalanges du doigt, *dactulos*, en grec.

L'origine du terme iambe (ou ïambe), *iambus*, calque du grec *iambos*, est inconnue à ce jour.

Le trochée, *trochaeus*, tire son nom d'un verbe grec signifiant « courir » : c'est un pied rapide.

L'anapeste, *anapaestus*, calque du grec *anapaistos*, « frappé à rebours », tire son nom de ce qu'au rebours du dactyle, il commence par deux brèves.

Le nom du tribraque, enfin, *tribrachus* ou *tribrachys*, est un calque du grec *tribrachus*, composé de *tris*, « trois » et *brachus*, « bref ».

Tout vers comporte en outre une séparation de mots à un endroit déterminé : c'est ce qu'on appelle la coupe. Celle-ci sépare le vers en deux parties qui n'en restent pas moins étroitement liées du fait que la coupe tombe ordinairement au milieu d'un pied. Certains vers comportent plusieurs coupes.

Enfin, dernière caractéristique du vers latin, la dernière syllabe est indifféremment longue ou brève : elle est dite commune.

Nous n'étudierons ici que le vers le plus fréquent dans la poésie latine : l'hexamètre dactylique. Il s'agit d'un vers d'origine grecque ; c'est celui qu'Homère a utilisé pour l'*Iliade* et l'*Odyssée*. C'est Ennius (239-169 av. J.-C.) qui fut le premier poète romain à l'employer, dans les dix-huit livres en vers de ses *Annales* où il racontait l'histoire de Rome depuis les origines : il ne nous reste que des fragments de cette œuvre qui eut une influence décisive sur la poésie romaine. À la suite d'Ennius, Catulle, Lucrèce, Virgile, Ovide, Lucain et bien d'autres ont écrit en hexamètres.

Comme son nom l'indique, l'*hexa-mètre* est composé de six (grec *hexa)* mesures, autrement dit de six pieds qui sont principalement mais non exclusivement des dactyles. Cela étant, les caractéristiques de l'hexamètre dactylique sont les suivantes :

– le 6e (et donc dernier) pied est toujours un spondée, la dernière syllabe étant comptée comme longue, même si elle est brève de nature : on la note ⏓ ;

– le 5e pied est presque toujours un dactyle ;

– les quatre premiers pieds sont soit des dactyles, soit des spondées : la première syllabe est donc toujours longue ;

– la coupe se trouve d'ordinaire après le 5e demi-pied (un demi-pied = une syllabe longue ou deux brèves).

D'ores et déjà, nous en savons assez pour scander, c'est-à-dire diviser en pieds bon nombre d'hexamètres sans avoir recours au dictionnaire ou à la grammaire.

Sachant que tous les vers de la *Pharsale* sont des hexamètres dactyliques, vers par excellence de l'épopée, nous pouvons nous amuser à scander quelques vers de notre extrait.

Pour donner une idée plus précise de la façon dont on procède, voici le premier vers, d'abord tel quel et ensuite avec les indications de scansion :

Ut rapido cursu fati suprema morantem

Ūt răpĭ/dō cūr/sū//fā/tī sūp/rēmă mŏ/rāntē̆m

Chaque pied est délimité par une barre oblique ; la césure, au 5e demi-pied, est indiquée par une double barre oblique.

Prenons maintenant le 2e vers et faisons la démonstration.

(Parvenu à cet endroit, *lector amice*, je m'amuse à imaginer que tu vas recopier le vers et y porter au fur et à mesure les indications de scansion : le jeu pourrait en être agréable.)

Voici le vers :

Consumpsere locum, parva tellure dirempti

On commence par la fin, presque toujours semblable, nous l'avons vu. Un spondée final donc, formé de *-/ rēmpti* ; nous notons ensuite le dactyle du 5e pied : *-/ lūrĕ dĭ-*. On continue ensuite à reculons, jusqu'à ce qu'on rencontre un problème, auquel cas on repart du début.

La syllabe *tel-* de *tellure* est longue par position (le *e* est suivi de deux consonnes), je la note donc : *tēl-* ; étant dans un hexamètre, je ne peux avoir que des dactyles ou des spondées, par conséquent tel- ne peut être que la fin d'un spondée. Je note donc *-/ vā tēl-*.

Le premier *a* de *pārva* est long par position puisque suivi de deux consonnes. J'applique alors le même raisonnement que précédemment et je conclus que *-/ cūm pār -/* forme un spondée, que je reporte.

Du *o* de *locum*, je ne puis rien savoir, sauf évidemment, si je me reporte au dictionnaire, mais alors ce n'est plus du jeu ! Ne sachant rien, donc, je passe. Du *e* de *-re* comme de celui de *-pse*, je ne sais rien non plus, je passe. J'en arrive à la syllabe *sum-* manifestement longue puisque suivie de trois consonnes. La première syllabe étant par définition toujours longue dans un hexamètre, *cōnsūm* forme un spondée.

Il reste donc *-psere lo-* : comme nous avons déjà identifié cinq pieds, nous tenons là notre sixième, qui ne peut être qu'un dactyle.

Cela nous donne donc :

Cōnsūm/psērĕ lŏ/cūm pār/vā tēl/lūrĕ dī/rēmptū̆

La coupe ? Je compte cinq demi-pieds et je la trouve, entre *locum* et *parva.* Tout va bien.

Un peu plus haut, nous avons évoqué le vers 19 :

Unde procul nubes, quo nulla tonitrua durant.

Nous sommes maintenant en mesure de dire que la voyelle *i* de *tonitrua*, voyelle « commune » puisque placée devant *t* + *r* est ici utilisée comme longue. Il suffit de scander, en commençant, comme d'habitude, par la fin : spondée final = *dūrānt*; dactyle formant le 5e pied = /*nītrŭă.*

Attention cependant : pour les besoins de la démonstration, nous avons choisi un vers facile à scander, qui n'exigeait pas le recours au dictionnaire ou à la grammaire. Or il peut arriver que nous ayons besoin de l'un ou l'autre. En effet, si le dictionnaire indique la quantité des syllabes à l'intérieur des mots, la grammaire, nous l'avons déjà dit, enseigne la quantité d'un certain nombre de terminaisons. Par exemple, si, au nominatif nous avons *rosă*, *agricolă*, *naută*, à l'ablatif nous avons *rosā, agricolā, nautā.* De même la voyelle *o* du datif et de l'ablatif singulier des noms de la 2e déclinaison est long : *dominō.*

Pour les conjugaisons, à côté de *am-ō, -ās, -ăt, -āmus, -ātĭs, -ānt*, nous avons : *leg-ō, -ĭs, -ĭt, -ĭmus, -ĭtĭs, -ūnt*, etc.

Et, si à l'infinitif *lego* fait *legĕrĕ*, la 3e personne du pluriel du parfait de l'indicatif est *legērĕ*.

Ainsi, en cas d'hésitation, la scansion permet de distinguer certaines formes. Elle procure en outre la satisfaction (d'essayer) de prononcer les vers d'une façon qui se rapproche un tant soit peu de celle des Romains, même si nous ne risquons plus de nous faire huer en cas d'erreur, comme cela arrivait, nous signale Cicéron dans son traité *De l'orateur* (*De oratore*, III, 196), lorsqu'un acteur se trompait sur la quantité d'une syllabe.

Précisons qu'avec un peu d'expérience, il est possible de scander un vers à vue, de la même façon qu'un musicien est capable de déchiffrer plusieurs portées en même temps.

Au terme de ces considérations techniques, Pétrone, par la bouche d'Eumolpe, un des personnages du *Satiricon*, vient à point nous rappeler que la poésie n'est pas seulement affaire de pieds bien mesurés et de phrases bien arrangées : *Multos juvenes carmen decepit. Nam ut quisque versum pedibus instruxit sensumque teneriorem verborum ambitu intexuit, putavit se continuo in Heliconem venisse.*

Carmen decepit multos juvenes, *la poésie a trompé beaucoup de jeunes gens* ; nam ut quisque instruxit versum pedibus, *car dès que n'importe qui a arrangé un vers au moyen de pieds* ; sensumque teneriorem intexuit, *et a inséré une pensée assez délicate* ; ambitu verborum, *dans un entour de mots* ; putavit continuo, *à l'instant il pense* (putavit est un parfait « gnomique », c'est-à-dire exprimant une vérité d'expérience) ; se in Heliconem venisse, *soi-même être parvenu sur l'Hélicon* (montagne où résidaient les Muses).

« La poésie a abusé de nombreux jeunes gens : à peine le premier venu a-t-il mis un vers sur ses pieds et brodé une idée un tant soit peu subtile, aussitôt il croit être parvenu sur l'Hélicon. »

Qu'est-ce donc qui fera le bon poète ?

Properce (50 av. J.-C.-16 ap. J.-C.), poète exquis, déclare quant à lui : *Ingenium potis inritat Musa poetis*, la Muse stimule le génie des poètes qui ont bu.

Si tel est le cas, apprentis poètes, et vous tous amants de la Muse, n'hésitez plus : *semper est bibendum !*

Chapitre X

Pour l'amour d'Abélard

Il est peu de lettres d'amour plus émouvantes que celles qu'Héloïse adressa à son époux Abélard.

Tout a commencé à Paris, pendant l'hiver 1115-1116. Abélard est alors au sommet de sa renommée de philosophe et de théologien. On accourt de toute l'Europe pour l'écouter. « Car quel roi, quel philosophe pouvait égaler ta renommée ? Quel pays, quelle cité, quelle ville n'entrait en effervescence pour te voir ? Qui, je te le demande, ne se précipitait pour t'admirer quand tu te montrais en public, et ne cherchait à te suivre des yeux, cou tendu, quand tu t'éloignais ? Quelle femme mariée, quelle jeune fille ne te désirait en ton absence, ne brûlait en ta présence ? » (Trad. Y. Ferroul ; Garnier-Flammarion)

Celle qui parle ainsi, c'est Héloïse, quelque quinze ans plus tard. Après avoir été la maîtresse d'Abélard, elle est devenue son épouse. Mais sa famille a estimé que le mariage ne réparait pas son honneur perdu et a fait châtrer Abélard. Celui-ci a donc décidé de devenir moine, et il a convaincu Héloïse d'entrer elle aussi au couvent.

Devenu abbé de l'abbaye de Saint-Gildas, Abélard est en butte aux persécutions des moines. Il écrit alors, sous forme de lettre à un ami, une histoire de ses malheurs, *Historia calamitatum*, qui tombe entre les mains d'Héloïse. Aussitôt la lecture de la lettre achevée, Héloïse prend la plume pour écrire à Abélard qui est resté longtemps sans donner de nouvelles. Le texte qui suit est extrait de cette première lettre d'Héloïse à Abélard. Nous le transcrivons en modifiant un peu la graphie de certains mots, de façon à les rendre plus immédiatement compréhensibles.

Nosti, carissime, noverunt omnes quanta in te amiserim et quam miserabili casu summa et ubique nota proditio me ipsam quoque mihi tecum abstulerit, ut incomparabiliter major sit dolor ex modo amissionis quam ex damno. Quo vero major est dolendi causa, majora sunt consolationis adhibenda remedia ; non utique ab alio, sed a te ipso, ut, qui solus es in causa dolendi, solus sis in gratia consolandi. Solus quippe es qui me contristare, qui me laetificare seu consolari valeas, et solus es qui plurimum id mihi debeas et nunc maxime cum universa quae jusseris in tantum impleverim ut cum te in aliquo offendere non possem, me ipsam pro jussu tuo perdere sustinerem. Et quod majus est dictuque mirabile, in tantam versus est amor insaniam ut quod solum appetebat, hoc ipse sibi sine spe recuperationis auferret, cum ad tuam statim jussionem tam habitum ipsa quam animum immutarem, ut te tam corporis mei quam animi unicum possessorem ostenderem.

Nihil umquam – Deus scit – in te nisi te requisivi : te pure, non tua concupiscens. Non matrimonii foedera, non dotes aliquas exspectavi, non denique meas voluptates aut voluntates, sed tuas, sicut ipse nosti, adimplere studui. Et si uxoris nomen sanctius ac validius videretur, dulcius mihi semper exstitit amicae vocabulum aut, si non indigneris, concubinae vel scorti. [...] Deum testem invoco, si me Augustus universo praesidens mundo matrimonii honore dignaretur, totumque mihi orbem confirmaret in perpetuo possidendum, carius mihi et dignius videretur tua dici meretrix quam illius imperatrix.

Nosti, (parfait à sens de présent) *tu sais* ; carissime, *très cher* ; omnes noverunt (parfait à sens de présent), *tous savent* ; quanta, *combien grandes choses* ; amiserim in te, *j'ai perdues en toi* ; et quam miserabili casu, *et par un combien pitoyable coup du sort* ; summa proditio, *une très haute trahison* ; et ubique nota, *et partout connue* ; abstulerit me ipsam mihi, *a enlevé moi-même à moi* ; tecum, *avec toi* ; ut, *de sorte que* ; incomparabiliter major sit dolor, *incomparablement plus grande est la douleur* ; ex modo amissionis, *(qui vient) du mode de la perte* ; quam ex damno, *que (celle qui vient) du dommage (subi)* ; quo vero major est causa, *mais d'autant plus grande est la cause ;* dolendi, *du fait de souffrir (= de la souffrance)* ; majora sunt remedia consolationis, *plus grands sont les remèdes de consolation* ; adhibenda, *devant être appliqués* ; non utique, *non (pas) en tout cas* ; ab alio, *(devant venir) d'un autre* ; sed a te ipso, *mais de toi-même* ; ut, *de sorte que* ; qui solus es, *(toi) qui es seul* ; in causa dolendi, *dans la cause du fait de souffrir* ; solus sis, *tu sois seul* ; in gratia consolandi, *dans la grâce du fait de consoler (= de la consolation)* ; quippe, *toi qui en effet* ; solus es, *es le seul* ; qui valeas, *qui puisses* ; me contristare, *me rendre triste* ; qui (valeas), *qui puisses* ; me laetificare seu consolari, *me rendre joyeuse ou me consoler* ; et solus es, *et tu es le seul* ; qui debeas, *qui doives* ; id mihi, *cela à moi* ; plurimum, *au plus haut point* ; et nunc maxime, *et maintenant surtout* ; cum impleverim, *alors que j'ai accompli* ; universa quae jusseris, *toutes les choses que tu m'as ordonnées* ; in tantum ut, *à tel point que* ; cum non possem, *comme je ne pouvais pas* ; te offendere in aliquo, *te mécontenter en quelque chose* ; sustinerem, *j'ai supporté* ; me ipsam perdere, *de me perdre moi-même* ; pro jussu tuo, *sur ton ordre* ; et quod majus est, *et ce qui est plus grand* ; dictuque mirabile, *et étonnant à dire* ; amor versus est, *mon amour s'est tourné* ; in tantam insaniam, *en une telle folie* ; ut, *que* ; quod solum appetebat, *(cela) seul qu'il désirait* ; hoc, *cela* ; auferret ipse sibi, *il (l') enlevait lui-même à soi-même* ; sine spe recuperationis, *sans espoir de récupération* ; cum, *alors que* ; ad tuam jussionem, *sur ton ordre* ; immutarem ipsa statim *je changeais moi-même aussitôt* ; tam habitum quam animum, *aussi bien d'habit que d'âme* ; ut ostenderem te, *si bien que je montrais (en) toi* ; unicum possessorem, *l'unique possesseur* ; tam corporis mei, *tant de mon corps* ; quam animi, *que de mon âme.*

Nihil umquam, *rien jamais* ; Deus scit, *Dieu (le) sait* ; requisivi in te, *je n'ai cherché en toi* ; nisi te, *sinon toi* ; concupiscens te pure, *désirant toi purement (et simplement)* ; non tua, *non pas les choses tiennes* ; non exspectavi, *je n'ai pas attendu* ; foedera matrimonii, *une alliance (consistant en) un mariage* ; non dotes aliquas, *(je n'ai pas attendu) quelque(s) dot(s)* ; denique, *enfin* ; studui adimplere, *je me suis appliquée à satisfaire* ; sicut ipse nosti, *comme tu le sais toi-même* ; non meas voluptates aut voluntates, *non pas mes plaisirs ou mes désirs* ; sed tuas, *mais les tiens* ; et si nomen uxoris, *et (même) si le nom d'épouse* ; videretur sanctius ac validius, *paraîtrait plus saint et plus fort* ; vocabulum amicae, *le terme d'amie* ; aut, si non indigneris, *ou, si tu ne t'indignes pas* ; concubinae vel scorti, *celui de concubine ou de prostituée* ; mihi semper exstitit dulcius, *à moi s'est toujours montré plus doux.* [...]

Invoco Deum testem, *j'appelle Dieu (comme) témoin* ; si Augustus, *si Auguste* ; praesidens mundo universo, *qui commande au monde entier* ; me dignaretur honore matrimonii, *me jugeait digne de l'honneur du mariage* ; totumque orbem mihi confirmaret, *et me garantissait (la possession de) toute la terre* ; possidendum in perpetuo, *à posséder à perpétuité* ; mihi videretur, *il me semblerait* ; carius et dignius, *plus précieux et plus digne* ; dici tua meretrix, *d'être dite ta putain* ; quam imperatrix illius, *que l'impératrice de celui-ci.*

Tu sais, mon bien-aimé, tous savent, ce que j'ai perdu en toi et dans quelle pitoyable circonstance une trahison immense et connue de tous m'a enlevée à moi-même en t'enlevant à moi, si bien que la façon dont je t'ai perdu me cause incomparablement plus de douleur que le fait d'être privé de toi.

Plus grande est la cause de la souffrance, plus grands sont les remèdes à y apporter ; et nul autre que toi ne doit le faire : toi seul es à l'origine de ma souffrance, toi seul dois me donner la grâce de la consolation. Car tu es bien le seul qui aies le pouvoir de m'affliger, de me réjouir ou de me consoler. Et la consolation, toi seul me la dois plus que tout, surtout maintenant que j'ai accompli tout ce que tu m'avais ordonné : incapable de te mécontenter en quoi que ce fût, j'ai accepté de me perdre moi-même sur ton ordre. Qui plus est – et c'est là chose étonnante à dire – mon amour a tourné en une folie telle qu'il s'est enlevé à lui-même la seule chose qu'il désirait, sans espoir de la retrouver : sur ton ordre, j'ai changé sans délai à la fois mon habit et mon esprit, montrant ainsi que tu étais le seul maître de mon corps et de mon âme.

Jamais, Dieu le sait, je n'ai rien cherché en toi, sinon toi : je ne désirais que toi, rien de ce qui est à toi. Je n'ai attendu ni les liens du mariage, ni une dot et ce ne sont ni mes plaisirs ni mes désirs, mais les tiens, tu le sais bien, que je me suis appliquée à satisfaire. Le nom d'épouse peut bien sembler plus saint et plus fort, être désignée comme amie ou, pardonne-moi, comme concubine ou courtisane m'a toujours paru plus doux.

Je prends Dieu à témoin : Auguste, le maître de l'univers, me jugerait-il digne de l'honneur d'être son épouse et me garantirait-il la possession de toute la terre à perpétuité, il me semblerait plus précieux et plus digne d'être appelée ta putain que son impératrice.

Abélard ne tarde pas à répondre à Héloïse. Mais quel contraste avec la lettre de celle-ci ! C'est en femme amoureuse qu'Héloïse s'adressait à Abélard. Celui-ci ne voit plus en elle qu'une « sœur très chère dans le Christ », à laquelle il recommande de prier pour leur salut à tous deux. La fin de sa lettre a quelque chose de glaçant : « Et s'il advenait que le Seigneur me livre aux mains de mes ennemis, qu'ils se révèlent plus fort que moi et me tuent [...], je t'en conjure, où que se trouve mon cadavre, enseveli ou abandonné, fais-le transporter dans votre cimetière ». On mesure à ces mots à quel degré pouvait atteindre la haine suscitée par Abélard. Mais on constate surtout qu'Abélard n'imagine plus être vu et touché par Héloïse qu'une fois réduit à l'état de cadavre. Non seulement sa passion est morte, mais elle s'est désormais changée en un sentiment mortifère. Qui plus est, c'est à son malheur à lui qu'Abélard paraît accorder le plus d'importance.

De nouveau Héloïse prend la plume pour écrire sa deuxième lettre. Elle a tout compris, et, dès le deuxième paragraphe, elle attaque : « Notre étonnement fut grand de te voir accroître la souffrance de celles à qui tu aurais dû apporter le réconfort de ta consolation, et provoquer des larmes que tu aurais dû apaiser. Car laquelle d'entre nous aurait pu écouter les yeux secs la fin de ta lettre : “et s'il advenait que le Seigneur me livre aux mains de mes ennemis, etc.” ? »

Héloïse peut d'autant moins supporter l'idée même de la mort d'Abélard que sa passion amoureuse pour lui est intacte. Elle aimerait, dit-elle, faire pénitence, c'est-à-dire oublier son amour et se tourner vers Dieu. Elle y parvient « d'autant moins que ces voluptés chères aux amants que nous avons goûtées ensemble me furent douces et que je ne peux ni les détester ni les chasser de ma mémoire. Où que je me tourne, elles s'imposent à mes yeux avec les désirs qui les accompagnent [...]. En pleine solennité de la messe, lorsque la prière doit être la plus pure, les représentations obscènes de ces voluptés captivent totalement mon âme si bien que je m'abandonne plus à ces turpitudes qu'à la prière. [...] Non seulement les actes réalisés, mais aussi les lieux et les moments où je les ai vécus avec toi sont à ce point fixés dans mon esprit que je refais tout avec toi dans les mêmes circonstances, et même dans mon sommeil, ils ne me laissent pas en paix ». (Trad. Y. Ferroul)

À notre connaissance, il existe peu de textes, dans la littérature latine, exprimant de façon si poignante la tyrannie de la passion amoureuse. À moins d'aller voir du côté des poèmes de Catulle, par exemple.

Auparavant, cependant, nous aimerions en finir avec la conjugaison, du moins avec le plus gros, de façon à offrir un panorama presque complet.

Nous n'avons jusqu'ici envisagé que les verbes réguliers. Mais il existe une poignée de verbes irréguliers dont nous allons parler maintenant.

Commençons par le verbe *eo*, « aller ».

INDICATIF

Présent

Eo
Is
It
Imus
Itis
Eunt

Imparfait : Ibam, ibas, ibat, etc.

Futur : Ibo, ibis, ibit, etc.

Parfait

Ii
Iisti ou isti
Iit
Iimus
Iistis *ou* istis
Ierunt ou iere

Plus-que-parfait : Ieram, ieras, etc.

Futur antérieur : Iero, ieris, etc.

Aux temps du *perfectum*, le radical du parfait est parfois *iv-* au lieu de *i-*. On peut donc trouver *ivi*, *ivisti,* etc. Mais ces formes sont plutôt rares et elles ne se rencontrent guère dans les composés dont nous parlons un peu plus loin.

SUBJONCTIF

Présent

Eam
Eas
Eat
Eamus
Eatis
Eant

Imparfait : Irem, ires, etc.

Parfait : Ierim, ieris, etc.

Plus-que-parfait : Iissem ou issem, iisses ou isses, etc.

Autres formes

Impératif présent : I, ite. – Futur : Ito, itote.

Infinitif présent : Ire. – Futur : Iturum (am, um) esse.
– Parfait : Iisse ou isse.

Participe présent : Iens (nominatif), euntis (génitif).
– Futur : Iturus, a, um.

Adjectif verbal : Eundus, a, um.
– Parfait passif : Itus, a, um, (forme théorique).

Supin : Itum.

Aussi curieux que cela puisse paraître, le verbe *eo* a une conjugaison passive, du moins à la 3e personne du singulier. C'est ce qu'on appelle le *passif impersonnel*, qui est l'équivalent du français « on + verbe ». Ainsi, *itur* = on va ; *itum est*, on est allé, etc. Cette tournure n'est pas réservée, loin de là, au verbe *eo :* théoriquement, on peut la rencontrer avec n'importe quel verbe, transitif ou intransitif : *pugnatur* (de *pugno, as, are*, combattre), on combat ; *creditur*, on croit, etc.

Au livre IX de l'*Énéide*, Apollon s'adresse ainsi au jeune Ascagne : *Macte nova virtute, puer, sic itur ad astra*, arme-toi d'un nouveau courage, mon enfant, c'est ainsi que l'on va aux astres. (*Macte* est le vocatif singulier d'un adjectif *mactus, a, um*, « glorifié, honoré », qui n'est plus usité, comme ici, que dans des expressions toutes faites – souvent avec l'impératif de *sum* – dans lesquelles il est grammaticalement inanalysable : *macte virtute este*, ayez bon courage !)

Iri (infinitif présent passif de *eo)* joint à un supin constitue l'infinitif futur passif, que l'on rencontre essentiellement dans les propositions infinitives : *credit se amaturum iri*, il croit qu'il sera aimé.

Les composés de *eo* sont assez nombreux. Voici ceux qu'on rencontre le plus souvent :

pereo, périr ; *veneo*, être vendu (ne pas confondre avec *venio, is, ire, veni, ventum*, venir !) ; *abeo*, s'éloigner ; *adeo*, aller vers, aborder ; *transeo*, traverser ; *intereo*, disparaître, mourir ; *ineo*, entrer dans ; *exeo*, sortir de (*exeat* = qu'il sorte : un *exeat* n'est donc autre chose qu'un permis de sortie) ; *subeo*, aller sous, supporter.

Autres verbes irréguliers : *fero*, porter, et ses nombreux composés.

Présent de l'indicatif

Fero
Fers
Fert
Ferimus
Fertis
Ferunt

Indicatif imparfait : Ferebam, ferebas, etc. – Futur : Feram, feres, etc. – Parfait : Tuli, tulisti, etc. – Plus-que-parfait : Tuleram, tuleras, etc. – Futur antérieur : Tulero, tuleris, etc.

Subjonctif présent : Feram, feras, etc. – Imparfait : Ferrem, ferres, etc. – Parfait : Tulerim, tuleris, etc. – Plus-que-parfait : Tulissem, tulisses, etc.

Impératif présent : Fer, ferte. – Futur : Ferto, fertote, ferunto.

Infinitif présent : Ferre. – Futur : Laturum, (am, um) esse. – Parfait : Tulisse.

Participe présent : Ferens. – Futur : Laturus, a, um. – Passé : Latus, a, um.

Adjectif verbal : Ferendus, a, um.

Supin : Latum.

Rien de bien méchant au total, sinon que les radicaux du parfait et du supin sont assez éloignés de celui du présent. L'irrégularité principale consiste en l'absence de voyelle de liaison *-i* ou *-e*, entre le radical *fer-* et les désinences : *fer*-s, *fert-is*, à côté de *leg-i-s*, *leg-i-tis*. Par ailleurs, le préfixe des composés de *fero* subit des modifications au contact des différents radicaux :

Préfixe *ab-* : aufero, aufers, auferre, abstuli, ablatum (porter loin de, emporter) ;

Préfixe *ad-* : adfero, adfers, adferre, attuli, allatum : porter vers, apporter ;

Préfixe *cum-* : confero, confers, conferre, contuli, collatum (porter ensemble, réunir, comparer) ; l'abréviation *cf.* est mise pour *confer*, impératif présent, 2e personne du singulier : « compare(z) ».

Préfixe *dis-* : differo, differs, differre, distuli, dilatum (différer, être différent) ;

Préfixe *ex-* : effero, effers, efferre, extuli, elatum (porter hors de, emporter) ;

Préfixe *in-* : infero, infers, inferre, intuli, illatum (porter dans, porter contre) ;

Préfixe *ob-* : offero, offers, offerre, obtuli, oblatum (présenter, offrir) ;

Préfixe *re-* : refero, refers, referre, retuli, relatum (reporter, rapporter).

Volo, *vouloir*, malo, *préférer* et nolo, *ne pas vouloir*, ne présentent guère de difficultés non plus.

Présent de l'indicatif

Volo	Malo	Nolo
Vis	Mavis	Non vis
Vult	Mavult	Non vult
Volumus	Malumus	Nolumus
Vultis	Mavultis	Non vultis
Volunt	Malunt	Nolunt

Imparfait : Volebam – Malebam – Nolebam

Futur : Volam, voles, etc. – Malam, males, etc. – Nolam, noles, etc.

Les temps de l'indicatif et du subjonctif, formés sur le radical du parfait (volu – malu – nolu –), sont réguliers.

Subjonctif présent : Velim, velis, etc. – Malim, malis, etc. – Nolim, nolis, etc. – Imparfait : Vellem, velles, etc. – Mallem, malles, etc. – Nollem, nolles, etc.

Impératif présent (n'existe que pour *nolo)* : Noli, nolite ; – Futur : Nolito, nolitote.

Participe présent ; n'existe que pour volo et nolo : Volens – Nolens. Les juristes affirment : *Volenti non fit injuria*, à celui qui veut, on ne cause pas de tort, on ne fait pas tort à celui qui consent ; on n'est donc pas fondé à porter plainte pour un dommage auquel on a consenti.

Infinitif présent : Velle – Malle – Nolle.

Les formes *noli*, *nolite*, suivies d'un infinitif servent à exprimer la défense. Dans la version latine de l'*Évangile* selon saint Jean, au matin de Pâques, Jésus ressuscité dit à Marie-Madeleine qui s'apprête à le toucher : *Noli me tangere*, ne me touche pas. La phrase sert souvent de titre à des tableaux ou des fresques représentant cet épisode.

La défense adressée à un *tu* ou à un *vous* peut aussi être exprimée par la conjonction *ne* suivie du subjonctif parfait : *Ne hoc feceris, ne hoc feceritis*, ne fais pas, ne faites pas cela. À la 1ère et 3e personne, la défense est exprimée par *ne* + subjonctif présent : *Ne hoc faciamus, ne hoc faciant*, ne faisons pas cela, qu'ils ne fassent pas cela.

Le dernier verbe irrégulier dont nous indiquerons la conjugaison est *fio, fis, fieri, factus sum*, être fait, devenir, qui sert de passif au verbe *facio, is, ere, feci, factum*, faire.

Indicatif présent : Fio, fis, fit, fimus, fitis, fiunt. – Imparfait : Fiebam, fiebas, etc. – Futur : Fiam, fies, etc. – Parfait : Factus, a, um sum, es, etc. – Plus-que-parfait : Factus, a, um eram, eras, etc. – Futur antérieur : Factus, a, um ero, eris, etc.

Subjonctif présent : Fiam, fias, fiat, fiamus, fiatis, fiant. – Imparfait : Fierem, fieres, etc. – Parfait : Factus, a, um sim, etc. – Plus-que-parfait : Factus, a, um essem, etc.

Fiat lux, « que la lumière soit (faite) », tel est un des commandements les plus connus que Dieu formule, quand il crée l'univers, au chapitre I du livre de la *Genèse*, dans la version latine appelée la *Vulgate.*

Infinitif présent : Fieri. – Futur : Factum iri. – Parfait : Factum, am, um esse.

Participe (parfait seulement) : Factus, a, um.

Mentionnons encore quelques verbes particuliers.

La première phrase de notre texte comporte deux formes verbales, *nosti* et *noverunt*, pour lesquelles nous avons indiqué entre parenthèses : parfait à sens de présent. *Nosti* est en effet la 2e personne du singulier et *noverunt* la 3e personne du pluriel du parfait de l'indicatif de *nosco*, « apprendre à connaître », d'où, au parfait, « connaître, savoir ».

À remarquer également la forme courte *nosti*, pour *novisti*.

Ce type de forme abrégée est propre aux parfaits en *-avi*, *-evi*, *-ivi*, *-ovi* (et aux formes qui en dérivent : plus-que-parfait, futur antérieur, etc.), où l'on observe fréquemment les phénomènes suivants :

– chute du *v* placé entre les voyelles *i* et *e* : *audierunt*, *audierant*, pour *audiverunt*, *audiverant*, etc.

– chute de *ve* devant *r* : *amarunt*, *amarant* pour *amaverunt* et *amaverant*, etc.

– chute de *vi* devant *s* ou *ss* : *amasti*, *nosti*, *nosse* pour *amavisti*, *novisti*, *novisse*.

Par ailleurs, *memini*, dont nous avons déjà parlé, et *odi* sont des parfaits qui se traduisent par des présents : *memini*, je me souviens ; *odi*, je hais. Ces deux verbes n'existent qu'aux temps du perfectum : *memineram*, *oderam*, je me souvenais, je haïssais, etc.

Et maintenant, une pincée de syntaxe.

Si nous regardons la première phrase de notre extrait, nous pouvons en faire l'analyse suivante : une proposition principale (comportant les deux verbes *nosti* et *noverunt*) de laquelle dépendent deux propositions introduites l'une par *quanta*, l'autre par *quam* ; y fait suite une proposition (exprimant une conséquence) introduite par *ut.* Laissons cette dernière et intéressons-nous aux deux précédentes.

Leur verbe est au subjonctif parfait. Pourquoi au subjonctif ? Parce qu'il s'agit de deux propositions interrogatives indirectes.

Il en est ainsi pour toutes les propositions interrogatives indirectes : *dic mihi quem librum legas*, dis-moi quel livre tu lis ; *nemo scit cur profectus sit*, personne ne sait pourquoi il est parti.

La troisième phrase, quant à elle, commence ainsi : *Solus quippe es, qui me contristare, qui me laetificare seu consolari valeas*, car tu es le seul qui aies le pouvoir de m'affliger, de me rendre joyeuse ou de me consoler.

Valeas est la 2e personne du singulier du présent du subjonctif de *valeo.* Nous sommes donc en présence d'une proposition relative – introduite par *qui* – dont le verbe est au subjonctif.

Il en est ainsi chaque fois que la proposition relative se teinte de diverses nuances logiques, parfois mêlées : intention, conséquence, cause, opposition ; dans la phrase d'Héloïse, nous avons une nuance de conséquence. Dans l'exemple qui suit, il s'agit d'une nuance d'intention :

Milites misit qui locum falcibus purgarent, il envoya des soldats (littéralement : qui nettoyassent =) pour qu'ils nettoient l'endroit avec des faux.

Nuance d'opposition :

Peccatum suum, quod celare posset, confiteri maluit, il préféra avouer sa faute (qu'il pouvait =) alors qu'il pouvait la cacher.

Il y aurait encore beaucoup à dire sur l'emploi du subjonctif dans les relatives. Ce sera pour une autre fois. Pour l'heure, terminons ce chapitre comme il a commencé, par la passion amoureuse et laissons la parole au poète Catulle (84-54 av. J.-C.).

Virtuose de la poésie, Catulle a introduit à Rome un grand nombre de mètres empruntés aux Grecs.

Les sujets de ses poèmes sont assez variés. Sur les quelque cent vingt que nous possédons, un peu plus d'une vingtaine sont consacrés à sa bien-aimée Lesbie, qui finit par s'éloigner de lui, ce qui nous vaut des vers amers. Ils succèdent à des vers au contraire tout vibrants de passion, comme ceux-ci par exemple (librement traduits d'un poème de la poétesse grecque Sappho) :

> Ille mihi par esse deo videtur
> Ille, si fas est, superare divos,
> Qui sedens adversus identidem te
> Spectat et audit
> Dulce ridentem, misero quod omnes
> Eripit sensus mihi ; nam simul te
> Lesbia, aspexi, nihil est super mi
> Vocis in ore,
> Lingua sed torpet, tenuis sub artus
> Flamma demanat, sonitu suopte
> Tintinant aures, gemina teguntur
> Lumina nocte.

Ille mihi videtur, *celui-là me semble* ; esse par deo, *être égal à un dieu* ; ille, *celui-là (me semble)* ; si fas est, *s'il est permis* (*de le dire*) = *s'il est permis de le dire sans sacrilège* ; superare divos, *surpasser les dieux* ; qui sedens adversus te : *celui qui étant assis en face de toi* ; identidem (te) specsus te : *celui qui étant assis en face de toi* ; identidem (te) spectat et audit, *continuellement te regarde et t'entend* ; dulce ridentem, *riant doucement* ; quod eripit mihi misero, *(ce) qui arrache à moi malheureux* ; omnes sensus, *tous mes sens* ; nam simul te Lesbia, aspexi, *car aussitôt que je t'ai aperçue, Lesbie* ; mi nihil vocis est super in ore, *pour moi rien de ma voix n'est de reste dans ma bouche* ; sed lingua torpet, *mais ma langue est engourdie* ; tenuis flamma demanat sub artus, *une flamme ténue coule sous mes membres* ; aures tintinant, *(mes) oreilles tintent* ; sonitu suopte, *de leur propre son* (*-pte* est une particule qui s'ajoute aux adjectifs possessifs comme, *meus, mea, meum ; tuus, tua, tuum ; suus, sua, suum*, etc., sans modifier le sens) ; lumina teguntur, *(mes) yeux sont couverts* ; gemina nocte, *d'une double nuit.*

Quelle traduction pourra rendre l'alliance de mots du dernier vers ? *Lumina* est le pluriel de *lumen, inis* (n.) qui signifie d'abord « lumière », puis « lumière du jour, lumière des yeux », et enfin « œil ». Quant à *nocte* c'est l'ablatif singulier de *nox, noctis*, la nuit...

Selon moi, il égale,
Il surpasse, si j'ose dire, les dieux,
Celui qui, assis en face de toi
Continuellement
Te regarde et t'entend
Doucement rire : quant à moi, misérable,
Cela m'ôte tous mes sens : à peine
T'ai-je aperçue, Lesbie, rien ne reste
De ma voix dans ma bouche,
Ma langue est paralysée, un feu subtil
Coule dans mes membres, de leur propre bruit
Mes oreilles sont remplies, une double nuit
Couvre mes yeux.

Mais cette période d'éblouissement ne durera pas :

Odi et amo. Quare id faciam, fortasse requiris.
Nescio, sed fieri sentio et excrucior.

Odi et amo, *je hais* (*odi* = parfait à sens de présent, comme *memini*, je me souviens) *et j'aime* ; quare id faciam, *pour quelle raison je fais cela* (faciam = présent du subjonctif, mode qui s'explique par le fait que nous sommes dans une proposition subordonnée interrogative indirecte) ; fortasse requiris, *peut-être demandes-tu* ; nescio, *je ne sais pas* ; sed sentio fieri, *mais je sens (cela) être fait* ; et excrucior, *et je suis torturé.*

« Je hais et j'aime. Comment cela se peut-il ? – demandes-tu peut-être ; je ne sais, mais je le sens et je suis torturé. »

Chapitre XI

Poires amères

Alors qu'il traversait une période difficile, hésitant encore à embrasser la foi chrétienne, Augustin (354-430), futur évêque d'Hippone (aujourd'hui Bône en Algérie) se trouvait un jour dans un jardin, en compagnie de son ami Alypius.

Survient un autre ami, Pontitianus, qui, voyant qu'Augustin était en train de lire les *Épîtres* de saint Paul, se met à lui parler de l'ermite Antoine, retiré dans le désert d'Égypte, et dont le nom commençait à devenir célèbre parmi les chrétiens ; de là, il en vient à évoquer ce qui est arrivé à deux de ses amis, fonctionnaires de l'empire : un jour ils sont tombés sur un récit de la vie d'Antoine, ils en ont été bouleversés et ont aussitôt décidé de se retirer du monde pour mener une vie d'ascète.

En entendant ce récit, Augustin est bouleversé à son tour. Il s'éloigne et pleure amèrement sur son incapacité à se décider : d'un côté, il est attiré par la vie évangélique, mais, d'un autre côté, il se sent retenu par « ses vieilles amies » :

Retinebant nugae nugarum et vanitates vanitatum, anti-

quae amicae meae, et succutiebant vestem meam carneam et submurmurabant : « dimittisne nos ? » et « a momento isto non erimus tecum ultra in aeternum » et « a momento isto non tibi licebit hoc et illud ultra in aeternum ».

Nugae nugarum, *les bagatelles des bagatelles* ; vanitates vanitatum, *les vanités des vanités* (citation du début du livre de l'*Ecclésiaste* dans sa version latine : *Vanitas vanitatum, dixit Ecclesiastes, vanitas vanitatum omnia vanitas*, vanité des vanités, a dit l'Ecclésiaste, vanité des vanités, tout est vanité) ; antiquae amicae meae, *mes vieilles amies* ; retinebant, *(me) retenaient* ; et succutiebant vestem meam carneam, *et (elles) tiraient par en dessous mon vêtement de chair* ; et submurmurabant, *et (elles) murmuraient par en dessous* ; dimittisne nos, *est-ce que tu nous congédies* ; a momento isto non erimus tecum ultra in aeternum, *à partir de ce moment, nous ne serons plus avec toi pour l'éternité* ; a momento isto non tibi licebit hoc et illud ultra in aeternum, *à partir de ce moment ne te sera plus permis ceci et cela pour l'éternité.*

Elles me retenaient, les bagatelles des bagatelles, les vanités des vanités, mes vieilles amies ; elles tiraient par en dessous mon vêtement de chair, par en dessous elles murmuraient : « Tu nous congédies ? » et « À compter de ce moment, nous ne serons plus avec toi pour l'éternité ! » et « À compter de ce moment, ceci et cela ne te sera plus permis pour l'éternité ! »

En proie donc à une vive agitation, Augustin gagne l'ombre d'un figuier, pleurant toutes les larmes de son corps. Et c'est alors qu'il entend, venant d'une maison voisine, une voix qui chante et répète : « *Tolle, lege, tolle, lege*, prends, lis, prends, lis ! » Aussitôt Augustin va prendre le livre des *Épîtres* de Paul, l'ouvre et tombe sur ce passage : « Non pas de ripailles ni de soûleries ; non, pas de coucheries ni d'impudicités ; non, pas de disputes et de jalousies, mais revêtez-vous du Seigneur Jésus-Christ, et ne vous faites pas les pourvoyeurs de la chair dans les convoitises. » (*Romains*, XIII, 13)

« Aussitôt, écrit Augustin, comme une lumière de sécurité se déversa dans mon cœur et toutes les ténèbres de l'hésitation se dissipèrent. »

Ainsi s'achevait une longue période de recherches et d'atermoiements : Augustin serait désormais un disciple du Christ et, moins d'un an après cet épisode, il demandera le baptême (printemps 387).

En 397, lorsqu'il commence à rédiger les *Confessions*, Augustin vient d'être ordonné évêque d'Hippone. Il fait alors un retour sur son passé, pour tenter de discerner par quelles voies Dieu l'a conduit jusqu'à lui. Après avoir évoqué son enfance et son adolescence, sa formation intellectuelle et ses débuts dans la profession de rhéteur, Augustin retrace les principales étapes de sa conversion, auxquelles il consacre les livres VI, VII et VIII de son ouvrage, et c'est dans le livre VIII que l'on trouvera le récit de l'épisode que nous venons de rapporter.

Quant au texte qui suit – tiré du livre II, consacré à la période de l'enfance – il permet d'entrevoir ce que met Augustin sous le mot *confessio*.

Dans un premier temps, il s'agit pour lui de se remémorer les fautes du passé, non pas tant pour s'en affliger que pour tenter de comprendre ce qu'elles révélent de lui-même, à savoir une inclination native au péché, l'être humain étant, à l'instar d'Adam et Ève, incapable de résister, par ses seules forces, à l'attrait du mal. Mais la *confessio* ne se limite pas à cela : adressée à Dieu dont on invoque et célèbre le pardon, elle n'est plus seulement *confession* (c'est-à-dire aveu) des fautes mais aussi *confession* (c'est-à-dire proclamation, célébration) de l'amour de Dieu qui n'a pas laissé le pécheur croupir dans son péché et lui a donné la force de s'en détacher.

En d'autres termes, la miséricorde divine apparaîtra d'autant plus grande que l'on aura fait mesurer la profondeur de l'abîme où le péché avait plongé celui que Dieu en a délivré.

Furtum certe punit lex tua, domine, et lex scripta in cordibus hominum, quam ne ipsa quidem delet iniquitas : quis enim fur aequo animo furem patitur ? nec copiosus adactum inopia. Et ego furtum facere volui et feci nulla compulsus egestate nisi penuria et fastidio justitiae et sagina iniquitatis. Nam id furatus sum, quod mihi abundabat et multo melius, nec ea re volebam frui, quam furto appetebam sed ipso furto et peccato. Arbor erat pirus in vicinia nostrae vineae pomis onusta nec forma nec sapore inlecebrosis. Ad hanc excutiendam atque asportandam nequissimi adulescentuli perreximus nocte intempesta, quousque ludum de pestilentiae more in areis produxeramus, et abstulimus inde onera ingentia non ad nostras epulas, sed vel projicienda porcis, etiamsi aliquid inde comedimus, dum tamen fieret a nobis quod eo liberet, quo non liceret. Ecce cor meum, deus, ecce cor meum, quod miseratus es in imo abyssi. Dicat tibi nunc ecce cor meum, quid ibi quaerebat, ut essem gratis malus et malitiae meae causa nulla esset nisi malitia. Foeda erat, et amavi eam ; amavi perire, amavi defectum meum, non illud, ad quod deficiebam, sed defectum meum ipsum amavi, turpis anima et dissiliens a firmamento tuo in exterminium, non dedecore aliquid, sed dedecus appetens.

Certe lex tua punit furtum, *assurément ta loi punit le vol* ; domine, *Seigneur* ; et lex scripta in cordibus hominum, *(le punit aussi) la loi écrite dans le cœur des humains* ; quam iniquitas ipsa, *que l'iniquité elle-même* ; ne quidem delet, *ne détruit pas même* ; quis enim fur, *quel voleur en effet* ; patitur aequo animo furem, *supporte d'une âme égale un voleur* ; nec copiosus, *et pas (même) celui qui est dans l'abondance* ; adactum inopia, *(ne supporte le voleur) ayant été poussé (à voler) par l'indigence.*

Et ego volui, *et (pourtant) moi j'ai voulu* ; furtum facere, *commettre un vol* ; et feci compulsus nulla egestate, *et je (l') ai fait poussé par aucun besoin* ; nisi penuria et fastidio justitiae, *sinon par le manque et le dégoût de la justice* ; et sagina iniquitatis, *et l'embonpoint de l'iniquité* ; nam furatus sum id, *car j'ai volé ce* ; quod mihi abundabat, *qui à moi était en abondance* ; et multo melius, *et bien meilleur* ; nec volebam frui, *et je ne voulais pas jouir* ; ea re, *de cette chose* ; quam appetebam furto, *que je recherchais par le vol* ; sed ipso furto et peccato, *mais du vol lui-même et du péché.*

Arbor erat pirus, *il y avait un (arbre) poirier* ; in vicina nostrae vineae, *dans le voisinage de notre vigne* ; onusta pomis, *chargé de fruits* ; inlecebrosis nec forma nec sapore, *séduisants ni par la forme ni par le goût* ; ad hanc excutiendam atque asportandam, *pour le secouer et (en) emporter les fruits* ; adulescentuli nequissimi, *jeunes garçons bons à rien* ; perreximus nocte intempesta, *nous nous sommes mis en route en pleine nuit* ; quousque produxeramus ludum in areis, *(au moment) jusqu'où nous avions prolongé notre jeu sur les places* ; de more pestilentiae, *selon notre habitude de malfaisance* ; et abstulimus inde, *et nous avons emporté de là* ; onera ingentia, *des charges énormes* ; non ad nostras epulas, *non pas en vue de notre régal* ; sed vel projicienda porcis, *mais plutôt pour (les) jeter aux cochons* ; etiamsi aliquid inde comedimus, *même si nous en avons mangé quelque chose* ; dum tamen fieret a nobis, *pourvu cependant que fût fait par nous* ; quod liberet, *ce qui plaisait* ; eo quo non liceret, *par le fait que ce n'était pas permis.*

Ecce cor meum, deus, ecce cor meum, *voilà mon cœur, Dieu, voilà mon cœur* ; quod miseratus es, *que tu as pris en pitié* ; in imo abyssi, *au profond de l'abîme* ; dicat tibi nunc, *qu'il te dise maintenant* ; ecce cor meum, *voilà mon cœur = mon cœur que voilà* ; quid ibi quaerebat, *ce qu'il cherchait là* ; ut essem gratis malus, *(dans des dispositions telles) que j'étais gratuitement mauvais* ; et malitiae nulla causa esset, *et qu'à ma malice il n'y avait aucune cause* ; nisi malitia, *sinon la malice* ; foeda erat, *elle était repoussante* ; et amavi eam, *et je l'ai aimée* ; amavi perire, *j'ai aimé être perdu* ; amavi defectum meum, *j'ai aimé ma défaillance* ; non amavi illud ad quod deficiebam, *je n'ai pas aimé ce en vue de quoi j'ai failli* ; sed defectum ipsum meum, *mais ma défaillance elle-même* ; turpis anima, *ignoble âme* ; et dissiliens a firmamento tuo, *et m'écartant de ton appui* ; in exterminium, *(pour aller) à (ma) ruine* ; non dedecore appetens aliquid, *non par infamie convoitant quelque chose* ; sed dedecus (appetens), *mais (convoitant) l'infamie.*

Sans doute ta loi punit-elle le vol, Seigneur, de même que la loi inscrite dans le cœur des humains, loi que l'iniquité elle-même ne parvient pas à effacer : quel voleur en effet supporte d'une âme égale d'être volé ? Même le voleur riche ne supporte pas le voleur poussé par l'indigence.

Pourtant, j'ai voulu commettre un vol sans y être poussé par une disette autre que le manque et le dégoût de la justice et par la mauvaise graisse de l'iniquité. En effet, j'ai volé des fruits dont j'avais abondance, et de bien meilleure qualité : je ne voulais pas jouir de ce que je recherchais par le vol, mais du vol lui-même et du péché.

À proximité de notre vigne, il y avait un poirier chargé de fruits que ni leur aspect ni leur saveur ne rendaient alléchants. Nous avions en vue de secouer cet arbre et d'en emporter les fruits : méchants garnements, nous nous mîmes en route à une heure avancée de la nuit, après avoir prolongé jusque-là notre jeu sur les places, selon notre funeste habitude, et nous avons rapporté une énorme quantité de fruits, non pas pour nous en régaler mais bien plutôt pour les jeter aux cochons. Et même si nous en avons mangé quelques-uns, une seule chose comptait : faire ce qui était d'autant plus attirant que c'était interdit.

Voilà mon cœur, ô Dieu, voilà mon cœur que tu as pris en pitié au fond de son abîme. Qu'il te dise maintenant, le cœur que voilà, ce qu'il pouvait bien chercher pour que je fusse à ce point mauvais gratuitement et que ma malice n'eût d'autre motif que la malice elle-même : elle était repoussante, et je l'ai aimée ; j'ai aimé être perdu, j'ai aimé ma défaillance, j'ai aimé non pas ce en vue de quoi j'ai failli mais ma défaillance elle-même, âme ignoble qui m'écartais de ton soutien pour aller à ma perte et qui convoitais, non pas quelque chose par infamie mais l'infamie elle-même.

Aux lignes 17-18, trois verbes se font écho par leur terminaison : *fieret, liberet, liceret.* Augustin prend manifestement plaisir à jouer avec les sonorités, – aussi répète-t-il volontiers certains mots ou groupes de mots (*ecce cor meum* et *amavi*). Cependant, pour avoir charmé notre oreille, ce trio n'a pas manqué d'attirer l'œil du grammairien toujours à l'affût dans les taillis du langage.

Des trois verbes en question, nous avons déjà rencontré le premier, *fio* (devenir, être fait), classé parmi les verbes irréguliers.

Les deux autres nous intéressent parce que ce sont des verbes impersonnels, appartenant donc, eux aussi, à une catégorie particulière. Il s'agit de verbes que l'on ne rencontre qu'à la 3e personne du singulier et à l'infinitif.

En voici quelques-uns :

Pluit, il pleut ; *tonat*, il tonne ; etc.

Oportet, oportere, oportuit, (sans supin), il faut : *ex malis eligere minima oportet*, entre des maux, il faut choisir les moindres (Cicéron).

Decet, decere, decuit, il sied, il est beau, il convient : *decet te tacere*, il convient que tu te taises.

Libet (lubet), libere, libuit ou libitum est, il plaît, il fait plaisir de : *mihi libitum est proficisci*, il m'a plu, j'ai trouvé bon de partir ; à la famille de *libet* appartient *libido, libidinis* (f.), le plaisir ; quant à l'expression *ad libitum*, elle signifie, comme on sait, « selon son plaisir, à volonté ».

Les impersonnels *miseret, paenitet, taedet, pudet, piget* ont pour particularité d'être la plupart du temps construits avec l'accusatif de la personne éprouvant le sentiment qu'ils expriment, le mot désignant le motif du sentiment étant au génitif : *me miseret tui*, j'ai pitié de toi ; *me paenitet culpae*, je me repens de ma faute ; *taedet eum vitae*, il est dégoûté de la vie ; *eos infamiae pudet*, ils ont honte de leur infamie ; *me piget stultitiae meae*, je suis fâché de ma sottise.

À la 3e personne du singulier et à l'infinitif, certains verbes sont parfois employés comme impersonnels : *accidit*, il arrive (par malheur) ; *contigit*, il arrive (par chance) ; *evenit*, il arrive ; *juvat*, il plaît, il est agréable ; *patet*, il est évident ; *praestat*, il vaut mieux ; etc.

Pour ce qui concerne la syntaxe, comme il ne nous reste plus beaucoup de temps *ante terminum*, nous aimerions passer rapidement en revue un certain nombre de propositions subordonnées que nous n'avons pas encore eu l'occasion de mentionner.

– Propositions subordonnées complément d'objet, autres que propositions infinitives.

Nous n'en avons pas rencontré beaucoup, mais il y en a ! Les plus fréquentes sont introduites par *ut* (négation = *ne*) et ont leur verbe au subjonctif. On les rencontre après des verbes exprimant un souhait, une volonté, une activité, comme *optare* (souhaiter), *petere, rogare* (demander), *facere, efficere* (faire en sorte que), etc. : *Fac ut sine cura metuque vivas,* fais en sorte de vivre sans souci et sans crainte ; *imperavit ne quis exiret,* il commanda que (quelqu'un ne sortît pas =) que personne ne sortît.

– Propositions subordonnées circonstancielles de but.

Elles sont introduites par *ut* (négation *ne*). Verbe au subjonctif : *Vivere oportet ut edas, non esse ut vivas,* il faut vivre pour manger et non pas manger pour vivre... Sourcils de se froncer : « Êtes-vous bien sûr, Monsieur, de votre citation ? – La grammaire y trouverait-elle à redire ? On aura reconnu dans *esse* l'infinitif du verbe *edo, edis (ou es), edere (ou esse), edi, esum* (manger) ; c'est un verbe dont certaines formes abrégées se confondent parfois avec celles du verbe *sum.* Par ailleurs, comme il arrive souvent, la 2e personne du singulier a une valeur généralisante : il serait maladroit de traduire par « il faut que tu »... – Mais, ne faut-il pas dire, Monsieur, qu'il faut mivre, euh, manver, enfin, *oportut vesse et vidas,* euh... ».

– Saperlipopette ! on y perdrait son latin. Passons donc aux propositions subordonnées circonstancielles de conséquence.

Elles sont introduites par *ut* (négation *ut non)* ; elles sont en général annoncées par un adverbe ou un adjectif corrélatif dans la principale : *Quis nostrum tam animo agresti ac duro fuit ut non commoveretur,* qui de nous a eu le cœur assez farouche et assez dur pour n'être pas ému ?

– Propositions subordonnées circonstancielles de cause.

Introduites le plus souvent par les conjonctions *quod* ou *quia*, suivies de l'indicatif (cause réelle) ou du subjonctif (cause invoquée ou niée) : *Quia libet, facio*, je le fais parce que cela me plaît ; *taceo, non quod assentiar* (subjonctif présent de *assentior*), *sed quod cogor* (indicatif présent passif de *cogo*, forcer), je me tais, non parce que j'approuve mais parce que j'y suis contraint.

Autres conjonctions : *quoniam, quando* (+ indicatif), *cum* (+ subjonctif), puisque.

Après ce petit marathon grammatical, nous avons bien mérité une petite pause. Nous la ferons au bord du Tigre, en compagnie du jeune Tobie, de son chien et de l'ange Raphaël. Leur histoire nous est contée dans la Bible au *Livre de Tobie*.

Le vieux Tobit, qui vit en exil avec sa femme Anna et son fils Tobie, vient de devenir aveugle : ce malheur, qui s'ajoute à d'autres, lui fait trouver la vie amère, et il songe à la mort.

Pour que son fils lui fasse un enterrement digne de ce nom, il l'envoie chercher de l'argent chez son cousin Gabaël. Seulement Tobie a besoin d'un guide. Or, à peine ce dernier a-t-il fait quelques pas dehors pour en trouver un, qu'il tombe sur un jeune homme qui cherche du travail. Tobie lui demande s'il connaît la route qui mène à Rhagès, où habite le cousin Gabaël. « Par cœur ! », répond l'ange Raphaël – car c'est lui qui se cache sous les traits du jeune chômeur – et, comme il fait bonne impression aux parents de Tobie, ceux-ci acceptent volontiers qu'il fasse route avec leur fils.

Cela pourtant ne rassure qu'à moitié la mère de Tobie, qui s'inquiète pour son garçon : au moment du départ, elle ne peut retenir ses larmes, et éclate en reproches contre son mari qui n'aurait pas dû envoyer ainsi leur fils unique sur des chemins dangereux, et pour quoi faire, je vous le demande. Le vieux Tobit fait de son mieux pour l'apaiser et...

Profectus est Tobias et canis secutus eum. Et mansit prima mansione juxta flumen Tigris ; et exivit ut lavaret pedes suos et ecce piscis inmanis exivit ad devorandum eum : quem expavescens clamavit voce magna dicens : « Domine, invadet me ! ». Et dixit ei angelus : « Adprehende brancia ejus et trahe eum ad te ». Quod cum fecisset adtraxit eum in sicco et palpitare coepit ante pedes ejus. Tunc dixit ei angelus : « Extentera hunc piscem et cor ejus et fel ejus et jecur repone, tibi sunt enim haec necessaria ad medicamenta utiliter ». Quod cum fecisset, assavit carnes ejus et secum sustulerunt in via ; cetera salierunt quae sufficerent eis quousque pervenirent in Rages, civitatem Medorum.

Tobie partit et son chien le suivit. Il fit une première halte au bord du Tigre. Il alla pour se laver les pieds et voici qu'un poisson monstrueux bondit pour le dévorer ; effrayé, il cria à pleine voix : « Seigneur, il va se jeter sur moi ! » L'ange lui dit : « Prends-le par les ouïes et amène-le à toi. » Cela fait, Tobie tira sur la berge le poisson qui se mit à se débattre à ses pieds. Alors l'ange lui dit : « Vide les entrailles de ce poisson et mets de côté le cœur, le fiel et le foie : ils te serviront à faire d'utiles médicaments. » Cela fait, Tobie mit à griller des morceaux qu'ils emportèrent avec eux ; ils salèrent le reste qui devait leur suffire jusqu'à ce qu'ils arrivent à Rhagès.

En dehors du plaisir d'une petite escapade sur les bords du Tigre, il nous a paru intéressant de proposer un petit échantillon du latin de la Bible qu'on appelle la Vulgate (*Editio vulgata*, offerte à tous).

Pour l'essentiel, la Vulgate est l'œuvre de saint Jérôme (347-420), un moine contemporain d'Augustin. Ce n'est pas qu'avant lui il n'y ait pas eu de version latine de la Bible : il en existait une, connue sous le nom de *Vetus latina* ou *Italica*, mais il s'agissait d'un texte traduit du grec, alors que la plupart des textes bibliques antérieurs au Nouveau Testament avaient été originellement rédigés en hébreu ou en araméen. Saint Jérôme fit l'effort d'apprendre ces deux langues et put ainsi proposer un texte plus proche de l'original. Par la suite son texte fut quelque peu modifié au fil des éditions et révisions successives.

En 1546, le concile de Trente désigna la dernière édition en date de la Vulgate (1535) comme le texte officiel de la Bible pour l'Église catholique. Cependant, le pape Sixte-Quint commanda une révision du texte, révision à laquelle lui-même collabora. Parue après la mort de son commanditaire, la *Biblia Sixtina* fut suivie d'une nouvelle édition, la *Sixto-Clementina*, du nom du pape Clément VII sous le pontificat duquel elle vit le jour. C'est le texte de la *Sixto-Clementina* que l'Église utilisa longtemps dans sa liturgie.

Pour en revenir à notre ami Tobie, qui, à vrai dire,

est sous bonne garde, son histoire a d'abord été contée, soit en hébreu, soit en araméen, sur un manuscrit aujourd'hui perdu. Saint Jérôme lui-même est parti d'un texte araméen, lui aussi disparu. Quand on compare les manuscrits les plus anciens, c'est finalement le texte de la *Vetus latina* qui paraît le plus proche de l'original, à en juger par les restes de cinq manuscrits (quatre en araméen et un en hébreu) qui ont été retrouvés dans une grotte de Qumran, sur les rives de la mer Morte.

Mais que parlons-nous de Tobie ? C'est de Sarra qu'il faut parler maintenant. Sarra, fille de Ragouël, vivait en Médie, à Ectabane. Sept fois, elle avait été donnée en mariage mais sept fois le démon Asmodée avait tué les futurs maris juste avant qu'ils ne s'unissent à elle. Tobie avait entendu parler de ces morts en série, pour la raison que Sarra était une lointaine cousine. Aussi lorsque, dans les faubourgs d'Ectabane, l'ange Raphaël dit à Tobie que le soir même tous deux devaient loger chez un certain Ragouël dont la fille Sarra revenait en priorité... au fils de Tobit, on imagine la réaction de ce dernier !

Chapitre XII

L'ascension du mont Ventoux

Ce sera une belle journée de printemps. Encore caché par la masse du Ventoux, le soleil en éclaire déjà la longue crête, d'où la neige a disparu depuis bientôt quinze jours. Les premières cigales accordent leurs cymbales et un vent tiède agite doucement les branches des oliviers qui bordent le sentier menant à la cabane.

Nous sommes le 26 avril 1336.

Francesco Petrarca et son frère Gherardo achèvent de remplir leur besace d'où s'échappe une odeur de pain et de fromage. Le premier y glisse un volume des *Confessions* de saint Augustin, le second un recueil des *Psaumes* de la Bible. Les deux serviteurs qui les accompagnent porteront l'eau, le vin, et quelques laines de rechange.

« *Andiamo* ! », s'écrie joyeusement Francesco. Gherardo sourit, ému. Voilà longtemps qu'il n'a vu son frère aîné aussi gai.

Enfants, déjà, à Carpentras – où leur père, menacé par ses ennemis florentins, était venu trouver refuge – les deux frères s'étaient promis qu'un jour ils graviraient ce mont qui, « pour ainsi dire, ne quittait pas leurs yeux ».

Aujourd'hui, tous deux adultes – Francesco aura trente-deux ans en juillet et Gherardo marche sur ses vingt-neuf ans – ils vont accomplir leur promesse.

Statuta die digressi domo, Malausanam venimus ad vesperam, locus est in radicibus montis versus in Boream, illic unum diem morari, hodie tandem cum singulis famulis montem ascendimus, non sine multa difficultate. Est enim praerupta, et pene inaccessibilis saxosae telluris moles, sed bene a Poeta dictum : « Labor omnia vincit improbus ». Dies longa, blandus aer, animorum vigor, corporum robur ac dexteritas [...] euntibus aderant, sola nobis obstabat natura loci.

Pastorem exactae aetatis inter convexa montis invenimus, qui nos ab ascensu retrahere, multis verbis enixus est : dicens se ante annos quinquaginta, eodem juvenilis ardoris impetu supremum in verticem ascendisse, nihilque inde retulisse praeter paenitentiam, et laborem, corpusque et amictum lacerum saxis, ac vepribus, nec umquam aut ante illud tempus, aut postea auditum apud eos quemquam ausum esse similia.

Haec illo vociferante, nobis ut sunt animi juvenum monitoribus increduli, crescebat ex prohibitione cupidi tas, itaque senex ubi animadvertit se nequicquam niti, aliquantulum progressus inter rupes, arduum callem digito nobis ostendit, multa monens, multaque jam digressis a tergo ingeminans. Dimisso penes illum, si quid vestium, aut rei cujuspiam impedimento esset, soli dumtaxat ascensui accingimur, alacresque conscendimus.

Sed, ut fere fit, ingentem conatum, velox fatigatio subsequitur. Non procul inde igitur, quadam in rupe subsistimus, inde iterum digressi, provehimur, sed lentius, et praesertim ego, montanum iter, gressu jam modestiore carpebam, et frater compendiaria quidem via, per ipsius juga montis, ad altiora tendebat, ego mollior ad ima vergebam, revocantique, et iter rectius designanti, respondebam, sperare me alterius lateris faciliorem aditum, nec horrere longiorem viam, per quam planius incederem, hanc excusationem ignaviae praetendebam, aliisque jam excelsa tenentibus, per valles errabam, cum nihilo mitior, aliunde pateret accessus, sed et via cresceret et inutilis labor ingravesceret.

Digressi domo, *étant sortis de la maison* ; statuta die, *au jour décidé* ; Malausanam venimus ad vesperam, *nous arrivons à Malaucène vers le soir* ; locus est in radicibus montis, *le lieu est aux racines de la montagne* ; versus in Boream, *tourné vers le nord* ; morari illic unum diem, *(et nous de) faire halte* (morari = infinitif de narration) *là, pendant un seul jour* ; hodie tandem cum singulis famulis, *aujourd'hui finalement avec chacun un serviteur* ; montem ascendimus, *nous avons gravi la montagne* ; non sine multa difficultate, *non sans abondante difficulté* ; est enim praerupta et pene inaccessibilis, moles telluris saxosae, *(c') est en effet, abrupte et presque inaccessible, une masse de terre rocheuse* ; sed bene dictum est a Poeta, *mais il a bien été dit par le Poète* ; labor improbus omnia vincit, *un travail acharné vainc tout* (affirmation devenue proverbiale, et tirée des vers 145-146 des *Géorgiques* de Virgile, long poème divisé en quatre livres évoquant les travaux des champs) ; dies longa, blandus aer, animorum vigor, *le jour long, l'air caressant, la vigueur de nos âmes* ; robur ac dexteritas corporum, *la force et l'agilité de nos corps* ; aderant euntibus, *étaient présents (à nous) marchant* ; sola nobis obstabat natura loci, *seule nous faisait obstacle la nature du terrain.*

Invenimus pastorem exactae aetatis, *nous trouvâmes un berger d'un âge avancé* ; inter convexa montis, *parmi les creux de la montagne* ; qui enixus est multis verbis, *qui s'efforça par de nombreuses paroles* ; nos retrahere ab ascensu, *de nous détourner de l'ascension* ; dicens se ante annos quinquaginta ascendisse, *disant lui-même, cinquante ans auparavant, être monté* ; supremum in verticem, *au plus haut sommet* ; eodem impetu juvenilis ardoris, *(poussé) par le même élan d'ardeur juvénile* ; nihilque inde retulisse, *et n'avoir rien retiré de là* ; praeter paenitentiam et laborem, *excepté regret et peine* ; corpusque et amictum lacerum saxis ac vepribus, *et le corps et le vêtement lacérés par les rochers et les épines* ; nec umquam auditum apud eos, *et que jamais (n'avoir été entendu =) on n'avait entendu dire chez eux (= les bergers)* ; quemquam ausum esse similia, *(quelqu'un avoir osé =) que quelqu'un eût osé des choses semblables* ; aut ante illud tempus, aut postea, *soit avant ce moment-là, soit après* ; illo vociferante haec, *celui-ci criant ces choses* ; nobis, ut sunt increduli monitoribus animi juvenum, *en nous, comme sont sans foi dans les conseils les âmes des jeunes gens* ; crescebat cupiditas ex prohibitione, *grandissait le désir du fait de la défense* ; itaque ubi senex animadvertit se nequicquam niti, *c'est pourquoi lorsque le vieillard se rendit compte lui-même en vain s'efforcer* ; progressus inter rupes aliquantulum, *s'étant avancé un petit peu à travers les rochers* ; digito nobis ostendit, *du doigt, il nous montra* ; arduum callem, *un difficile sentier* ; multa monens, *avertissant beaucoup* ; multaque ingeminans, *et réitérant de nombreux (avertissements)* ; jam digressis a tergo, *à (nous) étant déjà éloignés de son dos* ; dimisso penes illum, *ayant été laissé près de lui* ; si quid, *(si quelque chose =) tout ce qui* ; vestium aut rei cujuspiam, *en fait d'habits ou d'objet quelconque* ; impedimento esset, *serait (à) empêchement* ; accingimur dumtaxat soli ascensui, *nous ne nous préparons qu'en vue de la seule ascension* ; alacresque conscendimus, *et rapides nous montons* ; sed, ut fere fit, *mais, comme il arrive souvent* ; velox fatigatio subsequitur ingentem conatum, *une rapide fatigue suit l'énorme effort* ; non procul inde igitur, *non loin de là donc* ; quadam in rupe subsistimus, *nous nous arrêtons sur quelque rocher* ; inde iterum digressi, provehimur, *de là nous étant à nouveau mis en route, nous nous avançons* ; sed lentius, *mais plus lentement* ; et praesertim ego carpebam iter montanum, *et surtout moi, je parcourais le sentier de montagne* ; gressu jam modestiore, *d'un pas désormais plus modéré* ; et frater ad altiora tendebat, *et mon frère se dirigeait vers des (lieux) plus élevés* ; compendiaria quidem via, *au moyen d'une voie plus courte* ; per juga ipsius montis, *(en passant) par les crêtes de la montagne elle-même* ; ego mollior ad ima vergebam, *quant à moi, plus mou, vers le bas je me dirigeais* ; revocantique, *et (à mon frère me) rappelant* ; et iter rectius designanti, *et (me) montrant un chemin plus direct* ; respondebam me sperare, *je répondais moi espérer (trouver)* ; aditum faciliorem alterius lateris, *un accès plus facile de l'autre côté* ; nec horrere longiorem viam, *et n'avoir pas peur d'une route plus longue* ; per quam planius incederem, *par laquelle, plus à plat je m'avancerais* ; pretendebam hanc excusationem ignaviae, *je mettais en avant cette excuse à ma paresse* ; aliisque jam excelsa tenentibus, *et les autres occupant déjà les sommets* ; per valles errabam, *à travers les vallées j'errais* ; cum nihilo pateret aliunde accessus mitior, *alors qu'en rien ne se montrait ailleurs un accès plus facile* ; sed et via cresceret, *mais et (alors que) la route s'allongeait* ; et inutilis labor ingravesceret, *et (alors que) (ma) peine inutile s'alourdissait.*

Partis le jour dit de la maison, nous sommes arrivés dans la soirée à Malaucène, au pied du versant nord de la montagne. Après une halte d'un jour, c'est finalement aujourd'hui que nous avons fait l'ascension de la montagne, accompagnés l'un et l'autre d'un serviteur. Ce ne fut pas sans mal : il s'agit en effet d'une masse de terre rocailleuse aux pentes presque inaccessibles. Mais le Poète l'a bien dit : « Labeur opiniâtre vient à bout de tout. » La longueur du jour, la douceur de l'air, notre détermination, la force et l'agilité de nos corps, tout favorisait notre marche : seule y faisait obstacle la nature du terrain. Au creux d'un vallon nous avons rencontré un berger d'un âge avancé qui a tout fait pour nous dissuader de monter : lui aussi, disait-il, cinquante ans auparavant était monté jusqu'au sommet, animé comme nous d'une ardeur juvénile, sans en retirer autre chose que regret et fatigue, le corps et les vêtements lacérés par les pierres et les ronces ; et il n'avait jamais entendu dire que quiconque, avant ou après lui, eût tenté pareille expérience.

Mais telle est bien la jeunesse, sourde aux conseils : comme il nous criait ces choses, notre désir croissait d'autant plus qu'il était contrarié ; aussi bien, quand le vieil homme se rendit compte que ses efforts ne servaient à rien, il s'avança un peu parmi les rochers et nous montra du doigt un sentier escarpé tout en multipliant les avertissements, et il en prodiguait encore, que nous lui avions déjà tourné le dos. Ayant laissé près de lui les vêtements ou les objets qui auraient pu entraver notre marche, nous ne prenons que ce qui nous servira durant l'ascension et nous commençons à monter d'un bon pas.

Mais, comme il arrive souvent, la fatigue suit promptement l'effort violent : nous nous arrêtons donc, non loin, sur un rocher. De là nous reprîmes notre progression, mais plus lentement. Moi surtout, je marchais d'un pas plus modéré ; et tandis que mon frère s'élevait en prenant directement par la crête, moi, plus faible, je me dirigeais vers le bas et, quand il m'appelait pour me montrer un chemin plus direct, je lui répondais que j'espérais trouver une voie plus facile sur l'autre versant, et qu'une route plus longue ne me faisait pas peur pourvu qu'elle fût plus plate. Je prétendais ainsi excuser ma paresse ; mais les autres étaient déjà au sommet que moi j'errais encore par les vallées ; pourtant, nulle part ne s'ouvrait de chemin plus facile : je ne faisais qu'allonger ma route et cet effort inutile m'épuisait.

Finalement, François rejoint les autres au sommet. Et là, il est saisi par la beauté du panorama. Mais, bientôt, les larmes lui viennent aux yeux lorsqu'il aperçoit, toutes proches, les « régions italiennes où le porte son cœur ». Il songe, dit-il, avec nostalgie aux années de jeunesse passées à l'université de Bologne. Bologne, qu'il a quitté dix ans plus tôt pour suivre à Avignon – siège pour l'heure de la papauté – le cardinal Jean Colonna, son protecteur.

François repasse alors en esprit ses dix dernières années provençales et les « multiples changements » dont elles ont été le théâtre : les premiers mois quelque peu tumultueux à Avignon, la rencontre avec Laure, le 6 avril 1327, dans une église de la ville, la semi-retraite, ensuite, à Fontaine-de-Vaucluse, où il passe désormais le plus clair de son temps, entre la lecture, la composition littéraire et la prière. À cette dernière il attache de plus en plus d'importance, depuis qu'il a rencontré, en 1333, à Avignon, le père Dionigi da Borgo San Sepolcro, de l'ordre de saint Augustin, professeur de théologie – et destinataire du récit dont nous venons de lire un extrait.

Puis, se détournant du passé, François se met à imaginer l'avenir, et, supposant qu'il ne lui reste plus guère que deux lustres à vivre, il se réconforte à l'idée qu'il mène désormais le bon combat, du côté de la vertu.

Sortant de ses pensées, François s'aperçoit soudain que la nuit approche : il faut redescendre. Alors, après avoir une dernière fois contemplé le paysage, le moment lui paraît venu de « jeter un regard sur les *Confessions* d'Augustin ». Ouvrant le livre au hasard, il lit, au livre X (8, 15) : *Et eunt homines mirari alta montium et ingentes fluctus maris et latissimos lapsus fluminum et Oceani ambitum et gyros siderum et relinquunt se ipsos*, et les hommes vont admirer les hauteurs des montagnes, les flots immenses de la mer, les plus larges fleuves, le pourtour de l'Océan, les révolutions des astres et ils se laissent eux-mêmes de côté.

On imagine l'émotion de François. Augustin n'a-t-il pas écrit ces lignes spécialement à son intention ? Ne vient-il pas de revivre ce qu'Augustin lui-même a vécu dans le jardin d'Alypius ?

Tout à ces questions, François garde le silence jusqu'à l'arrivée à la cabane d'où il est parti le matin même. Et, pendant que ses compagnons préparent le repas, à la lueur des flammes qui lèchent la marmite, il écrit la lettre dont nous venons de lire un extrait.

Quittons la nuit provençale et revenons à nos moutons grammaticaux.

Comment ? À l'heure qu'il est vous préféreriez une côtelette ? Est-ce bien sérieux ? Songez qu'il nous faut terminer la revue des propositions subordonnées circonstancielles.

Voici donc la suite du précédent chapitre.

Propositions subordonnées circonstancielles d'opposition et de concession.

Elles sont introduites par les conjonctions *etsi, etiamsi, tametsi, quanquam* (= bien que, quoique) + indicatif, ou *quamvis* (à quelque degré que) et *cum* (bien que, alors que) + subjonctif.

Quanquam Laura me non amat, mihi tamen mulierum amabilissima videtur, bien que Laure ne m'aime pas, elle me semble la plus aimable des femmes. Ainsi pouvait penser Pétrarque.

Cum e carcere fugere posset, mori maluit, alors qu'il pouvait sortir de prison, il préféra mourir.

Propositions subordonnées circonstancielles de condition.

Il s'agit là d'un chapitre assez complexe. On nous pardonnera (ou on nous saura gré ?) de ne pas entrer dans les détails. Nous nous contenterons de donner quelques exemples des constructions les plus fréquentes.

– Avec l'indicatif :

Si sunt dei, boni sunt, si les dieux existent, s'il est vrai que les dieux existent, ils sont bons.

Si quid est in me ingenii, judices, s'il est vrai, juges, que j'ai quelque talent... Ainsi commence un discours (*Pro Archia*) de Cicéron.

Quand la subordonnée et la principale se rapportent à l'avenir, on utilise (contrairement au français) un temps du futur dans les deux propositions : *Pergratum mihi feceris si amico meo auxilium feres*, tu (m'auras fait plaisir =) me feras plaisir, si tu (porteras =) portes secours à mon ami.

– Avec le subjonctif :

Si Laura me amet, laetus sim, si Laure venait à m'aimer, je serais heureux (supposition regardée comme réalisable dans l'avenir = « potentiel » = subjonctif présent dans la subordonnée et la principale). Ainsi pensait Pétrarque quelques instants après avoir découvert le visage de Laure dans l'église Sainte-Claire d'Avignon.

Quelques jours plus tard, ayant remarqué que Laure n'était pas sur le point de répondre à son amour, Francesco se disait à lui-même : *Si Laura me amaret, laetus essem* (= condition non réalisée dans le présent, ou, comme on dit aussi, irréel du présent = subjonctif imparfait dans les deux propositions [la *protase*, introduite par *si*, et l'*apodose* ou proposition principale]).

Enfin, au sommet du Ventoux, revoyant en esprit le visage bien-aimé (représenté par Simone Martini dans une fresque du cloître de l'église Santa Maria Novella, à Florence), François sentait une boule dans sa gorge quand il imaginait ce qui n'avait pas été, mais aurait pu être (irréel du passé = subjonctif plus-que-parfait dans les deux propositions) : *Si Laura me amavisset, eam uxorem duxissem*, si Laure m'avait aimé, je l'aurais épousée.

Propositions subordonnées circonstancielles de comparaison.

Pas de difficultés particulières.

Les conjonctions les plus fréquentes sont les suivantes : *ut, sicut, velut, quemadmodum, quomodo*, toutes suivies de l'indicatif. *Ut sementem feceris, ita metes*, comme tu auras fait les semailles, (ainsi) tu moissonneras.

Atque (ou *ac*) peuvent être considérés comme l'équivalent d'une conjonction de subordination dans des constructions telles que :

Iisdem (aliis) libris utor ac tu, je me sers des mêmes (d'autres) livres que toi.

Il nous faut maintenant parler (nous n'avons que trop tardé !) du gérondif et de l'adjectif verbal.

Le gérondif répond à la nécessité de donner à l'infinitif une sorte de déclinaison. En effet, l'infinitif latin ne peut être que sujet ou complément d'objet direct : *turpe est mentiri*, il est honteux de mentir ; *volo exire*, je veux sortir.

Pour les autres fonctions, on a donc eu recours à ce qu'on appelle le gérondif, qui n'est autre chose qu'un adjectif verbal (rappelez-vous, les formes en *-ndus, -nda, -ndum*) substantivé (mais de sens actif) et qui, du point de vue du sens, équivaut à : « le fait de + infinitif ».

Compte tenu de ce qui précède, le gérondif ne peut se rencontrer à l'accusatif que précédé d'une préposition (le plus souvent *ad*) :

Paratus ad proficiscendum, prêt (au fait de partir =) à partir ; *te hortor ad tacendum*, je t'invite à te taire.

Au génitif, le gérondif est complément d'un nom ou d'un adjectif. Dans sa lettre à Abélard, Héloïse écrivait : *Quo vero major est dolendi causa*, etc., plus grande est la cause (du fait de souffrir =) de la souffrance... ; *cupidus sum dormiendi*, je suis désireux, j'ai envie de dormir.

Rare au datif, le gérondif se rencontre assez souvent à l'ablatif, avec ou sans préposition.

Ex dormiendo voluptatem capere, prendre plaisir à dormir ; *hominis mens discendo alitur et cogitando*, l'esprit de l'homme est nourri par (le fait d'étudier =) l'étude et (le fait de réfléchir =) la réflexion.

L'adjectif verbal, quant à lui, appartient à la voix passive. Il peut être employé comme attribut du sujet, comme attribut du complément d'objet ou comme épithète.

Comme attribut du sujet, il exprime une idée d'obligation. *Carthago delenda est* (Carthage est devant être détruite =) il faut détruire Carthage : c'est par ces mots que le vieux Caton (234-149 av. J.-C.) concluait chacune de ses interventions au sénat : les deux premières guerres puniques (264-241 et 218-202) s'étaient soldées par la victoire des Romains sur les Carthaginois, mais, s'étant rendu à Carthage dans les années 150, Caton avait été impressionné par la façon dont la ville s'était relevée de sa défaite, redressement dans lequel il voyait une menace pour Rome. De fait, en 149, un peu avant la mort de Caton, éclata la troisième guerre punique, à l'issue de laquelle Carthage fut rasée (146).

Le complément indiquant la personne à qui incombe l'obligation se met au datif : *Porcus mihi coquendus est,* (un cochon est pour moi devant être cuisiné =) j'ai un cochon à cuire.

L'adjectif verbal se rencontre également comme attribut du complément d'objet après des verbes signifiant « donner, remettre, livrer, demander », *dare, tradere, rogare,* etc. : *Tibi dabo libros legendos,* je te donnerai des livres à lire.

Comme épithète, l'adjectif verbal est l'équivalent d'un gérondif accompagné d'un complément d'objet, construction à laquelle le latin répugne.

Plutôt que de dire : *Cupidus sum videndi Urbem,* je suis désireux de voir la Ville, on dit : *Cupidus sum Urbis videndae,* (je suis désireux de la Ville sur le point d'être vue, destinée à être vue).

Sufficit, il suffit.

Postface

Quel tortueux sentier avez-vous suivi pour venir jusqu'ici ?

Ce fut, nous l'espérons, une agréable promenade.

Quant à nous, nous étions toute une bande à l'époque, nous sommes longtemps restés sous le choc de la réponse que notre maître Goudelapin fit, certain soir, retentir sur nos écrans.

Il nous avait tant appris ! Nous l'aimions tant !

Et puis, lentement, nous nous en sommes remis. Au point même que l'envie nous prit un jour d'offrir un peu de latin à ceux qui n'en avaient jamais goûté ou pas repris depuis longtemps.

Ce ne serait pas une méthode d'apprentissage : il y en a beaucoup d'excellentes.

Ni une grammaire, pour la même raison.

Ni une anthologie.

Tout juste un peu de latin.

Un petit rien.

Pour le plaisir.

Livres utiles

On l'aura compris, le présent volume ne saurait se substituer à une grammaire latine complète : il vise au contraire à (re)donner envie de regarder les choses de plus près.

L'amateur se procurera par exemple la *Grammaire du latin*, de Greiner et Billoret, parue il y a quelque temps déjà aux éditions Hachette. Nous lui avons emprunté bien des exemples, et, ici ou là, une explication. Elle est hélas, semble-t-il, épuisée. On pourra la remplacer par celle de J. Gason, A. Thomas et E. Baudiffier, publiée par les éditions Magnard.

Plus on aura acquis de vocabulaire, plus intéressante sera la lecture des textes latins, et plus on lira de latin, plus on acquerra de vocabulaire. Pour tenter de briser ce cercle, on pourra s'aider des *Mots latins*, de F. Martin (Hachette) : les mots y sont regroupés à partir de leur racine.

On peut ambitionner de lire toute la littérature latine

en latin : il faudra sans doute dans ce cas se résoudre à mordre un peu sur l'éternité.

M. Goudelapin quant à lui, recommandait de lire tout à la fois le plus possible de traductions et de textes originaux. User des unes n'empêche en effet nullement, bien au contraire, de goûter des autres. On lira par exemple l'*Énéide* dans la traduction d'André Bellessort, parue primitivement aux Belles-Lettres et reprise dans la collection « Poésie » Gallimard ; puis on se procurera le texte latin soit aux Belles-Lettres (avec traduction de J. Perret en face du texte latin) soit dans une édition anglaise ou allemande (disponible dans les bonnes librairies). De même, on peut commencer par lire la *Conjuration de Catilina* de Salluste dans la traduction de J.-E. Bernard (Arléa) et se procurer ensuite le texte original. Et ainsi de suite.

Pour finir, merci à Anne-Marie, Jean-Sylvestre et Virginie, qui ont relu les épreuves d'un œil sagace, ne laissant de bourdes que celles que l'auteur de ces lignes s'entêta à maintenir.

Table

T R A N S C O D É
ET ACHEVÉ D'IMPRIMER
EN AOÛT 2002
SUR LES PRESSES DE
CORLET IMPRIMEUR
À CONDÉ-SUR-NOIREAU
C A L V A D O S

Numéro d'édition : 0591
Numéro d'impression : 60232
Dépôt légal : septembre 2002
Imprimé en France